진짜 공부는 자신을 완성한다

- 김병완의 공부 혁명 시리즈 3권 -

진짜 공부는 자신을 완성한다

공부의 끝은 자기 초월이며, 자아실현이다.

김병완

-어제보다 나은 내일과 성장을 갈망하는 당신을 위해 -

" 진짜 인생을 알게 해 주고, 살게 해 주는 것은 공부뿐이다. "

인생을 제대로 살게 해 주는 공부 혁명 프로젝트 !!!

플랫폼연구소

진짜 공부는 자신을 완성한다.

공부의 끝은 자기 초월이며, 자아실현이다.

이 책은 2016년 출간하여, 자기계발 성공학 분야에서 베스트셀러를 3주 동안 한 [김병완의 공부 혁명]의 개정증보판으로, 공부 혁명 시리즈 3권으로 출간하게 되었습니다. 1권은 진짜 공부는 인생을 바꾼다 _ 공부의 목적은 지식이 아니라 존재의 성장이며, 2권은 진짜 공부는 세상을 이긴다 _ 공부가 경쟁이 아닌 혁명이 되는 순간이며, 3권은 진짜 공부는 자신을 완성한다 _ 공부의 끝은 자기 초월이며, 자아실현임을 알려드립니다.

" 인생을 제대로 살게 해 주는 것은 진짜 공부뿐이다. 공부로 인생을 혁명하라 "

" 인생을 그저 사는 것은 중요하지 않다. 제대로 사는 것이 중요하다. 제대로 살기 위해서는 제대로 사는 법을 배워야 한다. 회사도 학교도 가정도 더 이상 제대로 사는 법을 배울 수 없다. 스스로 공부해야만 한다. 그래서 공부혁명이 필요하다." _ 김병완

프롤로그 _ 가장 현명한 사람은 배우는 사람이다.

위대한 인생과 평범한 인생을 가르는 것이 단 한 가지
있다.

그것은 바로 제대로 된 공부이다. 그렇기 때문에 무엇인
가를 끊임없이 배우고 스스로 공부를 하는 사람은 가장
현명한 사람이다.

" 가장 현명한 사람은 배우고자 하는 사람이다."
－ 탈무드 －

한 번뿐인 인생 시시하게 살다가 갈 것인가?
위대함을 갈망하며, 위대한 인생을 살아갈 것인가?

평범한 인생과 위대한 인생을 가르는 것은 무엇인가?

능력이나 학식이나 부나 성공이 아니다. 그런 것들은 부
산물에 불과하다. 평범함과 위대함을 가르는 것은 바로
'진짜 공부' 이다.

진짜 위대한 인생은 부와 성공을 거머쥔 그런 인생이 아니다.

진짜 위대한 인생은 자기 삶의 주인이 되어 사는 삶이다.

그리고 그러한 인생은 한 마디로 진짜 공부를 통해서만 가능하다. 진짜 공부를 통해 내공을 탄탄히 쌓고, 뿌리 깊은 나무처럼 어떤 태풍에도 흔들리지 않는 인생의 주인공으로 살아갈 때, 부와 성공은 자연스럽게 당신을 따르게 된다.

진짜 공부를 하지 않는 사람들은 부와 성공을 쫓아다니며 철새처럼 요동치는 그런 불안한 삶을 살 수밖에 없다. 그것은 그들 내면에 공부를 통해 축적해 놓은 내공과 진짜 실력이 없기 때문이다.

그러므로 독자들이여, 진짜 공부에 제대로 미쳐야 한다.

선택은 바로 당신의 몫이다.

" 열정, 자신감, 도전, 패기만으로 어떻게 100세 시대 긴 인생을 살아가고자 하는가? "

" 100세 시대, 긴 인생에서 진짜 공부를 하지 않고 어떻게 삶을 완수하고, 제대로 살아 내려고 하는가? 공부만이 최고의 생존 전략이며 탁월함에 이르게 하는 유일한 수단이다. "

공자는 이런 말을 한 적이 있다.

'곤이불학(困而不學) 민사위하의(民斯爲下矣)'

'궁지에 몰렸음에도 공부하지 않는 자는 제일 어리석은 자이다.'

공자는 어려움을 겪은 후에 공부하는 사람이 공부하지 않는 사람보다 더 현명한 사람이고, 어려움을 겪지 않았음에도 공부를 하는 사람이 어려움을 겪은 후에 공부하는 사람보다 더 현명하다고 말했다.

공부를 하는 사람은 인간을 상중하로 나눈다면 상에 속

하는 사람이라고 할 수 있다. 필자는 솔직히 40대가 다 되어, 궁지에 몰리고서야 공부를 시작했다. 즉 필자는 공부에 있어서 하수였다고 할 수 있다. 궁지에 몰렸고, 그 덕분에 공부하게 되었던 사람이다.

하지만 20대나 30대 때 진짜 공부를 하여 인생을 바꿀 수 있는 사람은 공자가 말한 단계 중에서 상에 속하는 사람일 것이다. 20대나 30대까지는 진짜 인생의 곤궁함을 잘 모르기 때문이다.

솔직히 40대가 되어야 인생이 무엇인지 조금 보이기 시작하고, 인생의 참된 곤궁함을 겪어 보게 된다고 할 수 있다. 하지만 40대 때도 충분히 공부를 통해 인생을 바꿀 수 있음을 필자는 알고 있다.

하지만 공자의 말에 의하면 인생의 산전수전을 다 겪고 난 후 다시 공부를 시작하는 사람보다는 처음부터 공부를 시작하는 사람이 훨씬 더 낫다고 한다.

이 책은 바로 '궁지에 몰리지 않았음에도 공부를 시작하는 그런 상에 속하는 사람들, 즉 상류에 속하는 사람들의 공부'에 대한 책이다.

20대 공부는 정확히 말해서 40대 때 하는 공부와 차원이 다를 수밖에 없다. 40대처럼 인생이 조금 보이기 시작하지 않기 때문에 인생의 참맛을 느낄 수 있는 그런 공부는 할 수 없다. 하지만 그럼에도 20대 공부는 20대만이 할 수 있는 그런 신선한 공부라는 매력이 있다. 또한 40대 공부는 인생의 산전수전을 다 겪은 인간만이 할 수 있는 깊이 있는 성찰의 공부라는 깊이가 있고, 60대의 공부는 세상과 타인을 잘 통찰할 수 있는 넓이의 공부가 될 수 있고, 80대 이후의 공부는 인생을 잘 완주하고, 마무리할 수 있는 유종의 미를 이룰 수 있는 완성의 공부가 될 수 있다.

40대, 50대 혹은 60대가 되어서 하는 공부는 20대 30대의 공부와 또 다른 매력과 깊이가 있다. 인생의 쓴맛, 더운 맛, 단맛, 매운맛을 다 겪은 장년과 노년의 공부는 또 다른 깊이의 공부라 할 수 있다.

결론은 이것이다.

" 공부에는 정해진 시기와 대상이 없다는 것이다. 하지만 각각 장단점이 있다는 사실도 간과해서는 안 될 것이다. "

수장선고란 말처럼, 물이 많아야 배가 저절로 높게 뜨는 것이다. 물도 없는데 배를 높게 띄울 수 없다. 패기나 자신감만으로 절대로 배를 높게 띄울 수 없다.

나이와 상관없이 누구나 진짜 공부를 해야 하는 이유다. 공부는 자신의 인생에 물을 많이 채우는 것이다. 물이 많으면, 즉 자신을 진짜 공부로 완성해 나가면 부와 성공은 저절로 따라오게 되어 있다.

20대는 다양한 공부를 통해 의식의 변화와 사고력의 향상을 이루어야 한다. 일찍 공부를 시작한 이들은 40대 때 공부한 이들보다 훨씬 더 쉽고 빠르게 의식의 변화와 사고력을 가져와서 남들보다 좀 더 일찍 세상을 보는 눈을 키울 수 있다.

그런 점에서 20대 때 진짜 공부를 하지 않는 것은 매우 큰 인생 낭비라고 할 수 있다. 우리는 무엇을 하더라도 효율의 중요성을 간과해서는 안 된다. 1시간 공부를 해도 새벽에 하는 것과 심신이 지쳐 있는 저녁에 하는 것은 큰 차이가 있고, 그 차이는 바로 효율이라는 측면 때문에 발생하는 것이다.

 똑같은 공부를 해도 20대 때 하는 것과 50대 때 하는 것은 절대적으로 차이가 있다는 것이다. 20대는 아직 의식과 사고가 굳어져 버린 그런 시기가 아니기 때문에 제대로 공부에 미치기만 한다면 50대보다 상대적으로 훨씬 더 쉽게 자기 도약과 발전을 할 수 있는 시기이다.

 그런 점에서 20대 때 공부에 미치는 사람은 훨씬 더 쉽고 빠르게 자신의 인생을 위대한 인생으로 만들어 나갈 수 있다는 것이 필자의 지론이다.

 30대와 40대의 많은 중년들이 가장 후회하는 것 중 하나가 생계를 책임져야 할 가족들이 있기 때문에 공부에 미칠 수가 없다는 것과 그렇기 때문에 생계의 의무가 없었던 20대 때 마음껏 공부에 미치지 않았던 것이다.

하지만 필자는 40대도 공부에 미칠 수 있음을 피력했다. 하지만 실제로 생계를 포기하거나 아니면 생계의 의무 이행을 잠시 미룬 채 공부에 오롯이 미칠 수 있는 사람은 많지 않았을 것이다. 현실을 완전하게 무시할 수 없는 것이 우리의 삶이기 때문이다.

그런 40대에 비하면 20대는 진짜 공부에 미칠 수 있는 좋은 시기고, 환상적인 시기이다.

그렇기 때문에 20대들이여, 30대들이여, 공부에 제대로 미쳐 보라. 또한 40대들이여, 50대들이여, 60대들이여, 70대들이여, 80대들이여 그럼에도 불구하고, 인생 최고의 진짜 마지막 공부를 시작하라. 공부에 미치는 데는 나이와 상관없다.

나이를 먹는다고, 저절로 인생이 달라지고 노는 물이 달라지지 않는다. 오직 진짜 공부를 통해서만, 인생이 달라지고, 노는 물이 달라진다는 사실을 명심하자. 필자는 이 사실을 경험했다. 공부를 통해 인생이 달라지고 노는 물이 달라지고 의식과 사고가 달라진다는 것이 무엇인지 확실하게 알게 되었다.

결론은 '20대이든, 40대이든, 60대이든, 80대이든 언제든 진짜 공부에 제대로 미치지 않는 것은 인생을 낭비하는 것' 이라는 사실이다.

공부는 20대에게 세상을 살아갈 수 있는 힘을 길러주고, 당당하게 살아갈 수 있는 자신감과 내공을 길러 준다. 그래서 20대 때 공부에 미쳐 본 경험이 있는 사람과 그렇지 못한 사람은 알게 모르게 평생 큰 차이가 생기는 것이다. 그리고 이 차이가 바로 인생의 격을 결정하게 되는 것이다.

또한 공부는 40대에게, 50대에게, 60대에게, 70대에게, 80대에게 인생을 완성할 수 있는 진짜 힘을 만들어 준다. 삶을 통찰하고, 세상을 지혜롭게 바라볼 수 있게 해 주어, 긴 인생을 제대로 완성할 수 있게 해 주고, 인생을 잘 마무리할 수 있게 해 준다. 20대와 30대는 열심히 잘 살아왔지만, 40대와 50대 때 인생을 망가뜨리는 단 한 번의 실수로 인생을 망치는 사람들이 적지 않다. 중년 이후의 공부가 필요한 이유가 바로 이것이다.

유종의 미가 가장 중요하다. 인생에도 마찬가지다. 40대 이후, 50대 이후, 60대 이후, 70대 이후, 80대 이후의 공부는 진짜 필요하다. 인생을 제대로 잘 완성하고, 마칠 수 있게 해 주는 힘을 어디서 찾을 것인가? 공부가 아니면 무엇으로 그것을 해 낼 것인가?

진짜 인생은 공부하는 인생이다. 공부를 하지 않고 어떻게 100세 시대를 살아가고자 하는가? 공부는 인생의 예의이자 특권이다. 20대 공부는 진짜 자신을 발견할 수 있게 해 주고, 그로 인해 진짜 인생을 살아갈 수 있게 해 준다. 30대 공부는 인생의 길을 발견하게 해 주고, 40대 공부는 진짜 세상을 경험하고 통찰하게 해 준다. 50대 공부는 타인과 우주를 진정으로 만나게 해 주고, 60대 70대 80대 이후의 공부는 인생에 유종의 미를 잘 거둘 수 있게 해 준다. 우리는 알아야 한다. 시작보다 끝이 더 중요하다는 사실을 말이다.

진짜 인생을 살고 싶다면 공부해야 가능하다. 타인의 삶을 그대로 쫓아가는 그런 삶을 살아가는 것은 진짜 인생이 아니다. 자기 자신만의 길을 개척하고 인생의 주인으로 살아가고 싶다면 공부를 통해 의식과 사고를 향상해야 한다.

 바로 이런 이유 때문에 공부는 선택이 아니라 필수라는 것이다. 그리고 이것을 하지 않는 것은 인생에서 가장 큰 낭비를 하는 것이라고 말할 수 있는 것이다.

 친애하는 독자들이여! 진짜 공부에 미쳐라! 그래서 당신의 인생을 명품으로 만들어라.
 공부를 통해 인생의 주인이 되어라.

 인생의 참된 주인으로 살아갈 수 있게 해 주는 것은 진짜 공부뿐이다.

 자신감만으로 도전하고 성공한다 한들 그것은 껍데기에 불과하다.

 진짜 위대한 인생은 부와 성공이 아니라 진짜 공부에서 비롯된다.

진짜 공부가 아니고서 무엇으로 인생을 잘 살아낼 수
있을 것인가?

독자들이여! 이제 진짜 공부에 미쳐라!

프롤로그 _ 가장 현명한 사람은 배우는 사람이다.

제1장. '진짜 공부'로 최고의 삶을 만나라.

공부를 통해 창의적 인재가 될 수 있다.
진짜 공부를 통해 미래형 인재가 될 수 있다.
공부하는 사람이 진짜 행복한 사람이다.
동정보다는 인정받는 사람이 되게 해 준다.
성공과 실패는 1%의 의식의 차이에서 비롯된다.
완벽을 추구하기보다는 남다름을 추구하라.
만 권의 책을 읽고 만 리를 여행하라.
'진짜 공부'는 비범한 인물이 되게 한다.
공부를 통해 100세 인생의 준비하라.

제2장. 무엇을 선택하고 어떻게 공부할 것인가.

한물간 MBA보다 MFA를 공부하라.
인간에 대한 통찰_인문학의 심연에 빠져라.
역사를 버리면 미래도 없다_역사를 공부하라.
스마트의 총체, 과학기술을 공부하라.

인간의 조직과 경영을 공부하라.

경제의 본질, 부의 원리를 공부하라.

역사만큼 미래도 중요하다_미래학을 공부하라.

평범한 사람에게도 뇌과학이 필요하다.

심리학자가 아니어도 심리학을 공부하라.

서양 현인들의 독서법을 배워라.

중국 현인들의 평생 공부법을 배워라.

조선 선비들의 평생 공부법을 배워라.

에필로그_ 공부를 멀리 하는 것은 인생 최대의 낭비이며, 실수이다.

"모든 사람이 두 가지 교육을 받는다. 하나는 다른 사람들에게서 받는 교육이고,

다른 하나는 첫 번째 보다 더 중요한 교육으로 스스로 배우는 것이다." <기번>

" 공부를 그저 出世의 수단으로 여겨서는 공부도 잃고 나도 잃는다. 사업을 단지 돈벌이의

　방편으로만 생각하면 사업도 잃고 나도 잃는다." <다산 정약용>

　" 배우는데 가장 어려운 것은 배워야 한다는 것을 배우는 것이다. "

<　칸트　>-

" 공부의 적은 자기만족이다. 진지한 공부는 반드시

불만족에서 시작되어야 한다."

_ 모택동

제1장. '진짜 공부'로 최고의 삶을 만나라.

" 공부의 적은 자기만족이다. 진지한 공부는 반드시
불만족에서 시작되어야 한다."   _ 모택동

" 억만금의 재산이 독서만 못하다."

_ 안씨 가훈, 면학.

" 좋은 책을 읽는 것은 수많은 고상한 사람과
대화를 나누는 것과 같다."

_ 괴테.

" 이 세상은 쾌활한 모습으로 원대한 목표를 향해
변화해 가는 사람의 것이다."

— 랄프 왈도 에메슨

공부를 통해 창의적 인재가 될 수 있다.

천재 화가 피카소의 그림인 [Pipe를 든 소년]이란 그림
이 세계 경매 최고가를 갱신한 적이 있다. 그 때 그 그림
한 장이 가격이 무려 1억 416만 달러의 가격으로 팔렸다
고 한다.

피카소는 과연 어떻게 해서 이러한 값진 창조적인 그림
들을 그려 낼 수 있었던 것일까? 쉽고 간단하게 그가 정
말 천재적인 소질을 가지고 태어났기 때문일까?

필자는 한 마디로 답하고 싶다. 그 역시 평범한 사람이
었다고 말이다. 하지만 남들보다 더 치열하게 노력하고
스스로 남들과 다른 방법으로 자신의 그림을 그려나갔기
때문에 그렇게 되었다고 단순하게 말하는 것은 너무 무
책임한 설명인 것 같다.

그래서 피카소가 천재 화가로 도약할 수 있었던 세 가지
원인을 꼽아 보았다.

첫째는 남들보다 더 빨리 그림을 그릴 수 있었다는 것이

다. 그의 아버지는 미술 교사였다. 그 결과 그는 매일 그림을 그리는 부모의 모습을 보면서 자랐고, 쉽게 그림과 친해질 수 있었고, 실제로 그림을 그렸다.

그러한 습관은 어른이 되어서도 그대로 나타났다. 그는 날마다 그림을 그렸다. 그래서 성인이 된 후에는 하루에 한 장의 그림을 그려낼 정도로 다작가였다.

둘째는 남들보다 더 많이 그림을 그렸기 때문이다. 결국 1만 시간의 법칙이 그에게도 그대로 적용이 되었다고 생각한다. 남들보다 더 많은 시간 그림을 그렸기 때문에 그는 결국에는 두각을 나타내게 되었고, 두각을 나타내게 되자 더욱 더 그림이 좋아지게 되어 남들보다 더 많이 그림을 그리게 되는 선순환이 일어났던 것이다.

셋째는 남들과 다른 방식, 다른 방법으로 그림을 그리는 것을 꾸준하게 시도했기 때문이다. 그렇게 했기 때문에 그는 20세기를 대표하는 입체파 화가가 될 수 있었던 것이다.

그도 역시 처음부터 신동은 아니라는 사실에 대해 조금

이나마 인식할 수 있게 해 주는 대목을 한번 살펴보자.

사진작가 기울라 할라스와의 대담에서 그가 직접 한 말
이다.

> 음악과 달리, 회화 분야의 신동은 없습
> 니다. 어린 천재란 그저 유년기의 천재
> 일 뿐이지요. 나이가 좀 더 들면 아무 흔
> 적도 남기지 않고 사라집니다. 그런 아이
> 도 미술가가 될 수는 있지만, 처음부터
> 다시 시작해야 합니다. 가령 나는 천재가
> 아니었습니다. 내가 처음 그린 그림은 아
> 동 전시회에서도 걸리지 못했어요. 아이
> 다운 천진성이나 소박함이 없었던 거지
> 요. …. 어린 시절에 나는 그저 아카데미
> 화풍에 따라 그림을 그렸는데, 지금 보면
> 충격을 받을 정도로 거의 똑같이 베끼다
> 시피 했더군요.
> (하워드 가드너, 《열정과 기질》, 북스
> 넛, p.263)

그의 말을 빌리자면, 그는 자기 자신이 천재가 아니었
다고 말한다. 음악과 달리 회화 분야에서는 신동이 없
다고 말하고 있다.

 피카소 역시 치열하고 지속적인 연습과 훈련을 통해
거장이 되었던 것이다. 그리고 그에게 있어서 공부는
바로 그림이었다. 그는 그림을 그리면서 다양한 방법
과 다양한 그림을 통해 끊임없이 생각하고 표현하고
창조해 나갔던 것이다.

 진짜 공부는 바로 이런 것이라고 할 수 있다. 자신의
사고력을 부단히 훈련하여, 새로운 방법, 새로운 길,
새로운 혁신, 새로운 미래를 창조해 나가는 것이 바고
진짜 공부인 것이다.

진짜 공부를 통해 미래형 인재가 될 수 있다.

살다 보면 누구나 인생의 큰 전환점을 맞이하게 되는 순간이 온다. 누군가는 책을 통해, 누군가는 어떤 현실을 통해 그렇게 될 수 있다.

앨빈 토플러 이후 최고의 미래학자라고 평가받고 있는 다니엘 핑크는 자신의 저서를 통해 미래 인재가 가지고 있어야 할 인재의 조건 6가지를 피력한 적이 있다. 필자가 100% 공감을 하지는 못 하지만, 그래도 최고의 주장인 것 같아서 꼭 말해 주고 싶다.

그가 주장하는 미래 사회는 한 마디로 감성 사회이다. 지금까지 인류는 좌뇌 중심의 산업화 사회를 살았다. 지식 정보화 사회를 지나서 이제는 하이 컨셉, 하이 터치가 가장 중요한 사회인 감성과 창조의 사회라는 것이다. 그래서 우뇌 중심의 인재가 좌뇌 중심의 논리적인 인재들보다 훨씬 더 많이 각광받고 필요로 하는 미래 인재라는 것이 그의 주장의 핵심이라고 필자는 정리했다.

좌뇌는 논리적이고 자세히 분석하는 것을 좋아하지만

우뇌는 큰 그림을 그리고 통합하고 감성적인 것을 좋아한다. 하지만 다니엘 핑크는 우뇌 중심의 사회를 지나 양쪽 뇌를 모두 사용하는 전혀 새로운 사고를 할 줄 아는 사람이 최고의 인재라고 말한다.

한 마디로 그는 건강하고 행복하고 성공적인 삶을 살기 위해서는 양쪽 뇌를 모두 활용해야 한다는 것이 그의 주장이다. 필자가 가장 충격적으로 접하게 된 사실 중에 하나는 다니엘 핑크가 소개해 준 MFA(Master in Fine Arts)에 대한 이야기이다.

" 하버드 경영대학원에 입학하기란 식은 죽 먹기다. UCLA 예술 대학원과 비교하면 그렇다. 하버드 MBA 과정의 합격률은 약 10 퍼센트인 반면, UCLA 예술대학원은 고작 3 퍼센트에 불과하다. 왜 그럴까?

GM 마저 예술 사업을 표방하고 있는 시대에 MFA(Master in Fine Arts, 미술학 석사 학위)는 가장 인기 있는 자격조건 가운데 하나다. 기업의 인사담당자는 인재들을 채용하기 위해 명문 예술대학원(로드아일랜드 디자인 스쿨, 시카고 아트 스쿨, 미시건 크랜브룩 아트 아카데미 등)을 방문하기 시작했다. 그리고 이들 예술

대학원 졸업생들이 엘리트 그룹에 속해 있던 경영대학원 졸업생들의 자리를 잠식하기 시작했다. "   < 다니엘 핑크, [새로운 미래가 온다], 82쪽 >

우와~~ 대단하고 놀랍고 충격적인 이야기가 아닐 수 없다. 실제로 다니엘 핑크는 맥킨지앤 컴퍼니가 경영 컨설턴트로 선발한 인력 중에 60퍼센트 이상이 MBA 자격증을 1993년에 가지고 있었지만, 채 10년이 되지 않아서 이 비율은 43퍼센트로 줄어들었다는 사실을 근거로 제시했다.

이제 IQ의 시대는 지나갔고, 감성의 시대, 즉 EQ의 시대가 왔다. [감성지능]의 저자인 다니엘 골먼은 IQ가 사회적 성공과 큰 관련이 없다는 사실을 주장했다. 그리고 이제는 우뇌 중심의 리더들이 가장 큰 영향력을 발휘하며 조직을 성공적으로 이끌어 가고 있다고 주장한다.

한 가지 예로 다른 사람들을 즐겁게 해 줄 수 있는 유머감각을 갖춘 리더가 가장 효과적인 리더십을 발휘한다는 사실을 기업의 조직 내에서 그는 발견할 바 있는 데, 유머 감각이 바로 좌뇌보다는 우뇌에 더 많이 의존하는 감각이라는 것이다.

 즉 남을 즐겁게 하는 능력이 바로 우뇌적 재능이라는 것
이다. 실제로 [하버드 비즈니스 리뷰]에서 발표한 한 연
구에서 놀라운 사실이 드러났다. 연봉이 적은 '평범한
임원'과 연봉이 높고 미래가 촉망되는 '뛰어난 임원'
의 평소 생활 태도나 직원들을 대하는 그들의 언행을 살
펴보면 유머를 얼마나 자주 구사하느냐에 따라 차이가
발생한다는 것이다.

 즉 한 마디로 '유머를 자주 사용하는 임원일수록 연봉
이 높았다'는 것이다. 이것은 다른 말로 해서 우뇌를 자
주 사용하고 우뇌 중심일수록 연봉이 높다는 말로 이어
진다는 것이다.

 다니엘 핑크는 새로운 미래는 다양한 형태의 사고(양쪽
뇌를 모두 잘 사용하여 만들어내는 사고)와 삶에 대한 감
성적 접근과 교류가 중요해지기 때문에, 하이컨셉, 하이
터치 시대라고 명명한다. 그는 하이컨셉, 하이터치를 이
렇게 정의했다.

" '하이컨셉'은 패턴과 기회를 감지하고, 예술적 미와 감정의 아름다움을 창조해내며, 훌륭한 이야기를 창출해내고, 언뜻 관계가 없어 보이는 아이디어를 결합해 뭔가 새로운 것을 창조해내는 능력과 관계가 있다.

'하이터치'란 다른 사람과 공감하고, 미묘한 인간관계를 잘 다루며, 자신과 다른 사람의 즐거움을 잘 유도해내고, 목적과 의미를 발견해 이를 추구하는 능력과 관련이 있다. "

< 다니엘 핑크, [새로운 미래가 온다], 94쪽 >

결국 이러한 하이컨셉, 하이터치의 시대에 필요한 인재의 조건은 과거 산업화 시대나 지식 정보화 시대에 필요로 했던 인재의 조건과는 다르다는 것이다. 그래서 그가 제시하는 6 가지 미래 인재의 조건을 필자 나름대로 다시 정리하여 재해석해 보면 다음과 같다.

1. 좋은 기능에 감성을 사로잡는 디자인을 추가할 줄 아는 인재.

_ 이미 고성능 스마트폰이 출시되었음에도 인기를 얻지 못 하고 있던 시기에 감성을 사로 잡는 아이폰의 디자

인을 통해 세계인들을 사로잡은 애플의 스티브 잡스가 바로 이 경우에 해당하는 미래형 인재라고 생각한다.

2. 단순히 자기주장만 내세우지 않고 스토리를 겸비해 자신을 표현할 줄 아는 인재.

_ 중학교를 중퇴한 문제아가 골든벨을 울리고 연세대에 합격하고 암을 극복하고 세계 여행에 도전하는 등의 자신의 스토리를 가지고 있는 김수영 씨를 필자는 스토리를 겸비한 미래형 인재라고 생각한다.

3. 전문화를 뛰어넘어 다양한 분야를 통합하고 조화시킬 줄 아는 인재.

_ 영문학 학사라는 평범한 학위만을 가지고 있던 앨빈 토플러가 다양한 분야의 독서와 공부를 통해 미래와 사회, 인류에 대한 통합적인 안목을 갖추고 그것을 꾸준히 책으로 출간해 냄으로써 세계적인 미래학자로 평가받게 된 경우가 바로 이런 유형이라고 생각한다.

4. 논리적인 사고보다는 서로 공감하게 만들 줄 아는 인

재.

  _ 사우스웨스트항공사는 보기 드물게 적자를 한 번도 기록하지 않은 경이로운 항공사이며, 퇴직률이 가장 적은 회사이며, 미국인들이 가장 좋아하는 회사이며, 단 한 명의 직원도 퇴출시키지 않은 그런 회사이다. 이 회사가 이렇게 할 수 있었던 비결 중에 하나는 이 회사 회장의 공감 능력 때문이다. 이 회사 회장인 허브 캘러허 회장은 직원들을 직장 동료로, 친구로 대해 준다. 그래서 이 회사 직원들은 그 어떤 회사보다도 더 회사 일을 자기 일처럼 생각하게 되고, 그 결과 수익으로 이어지게 되는 것이다. 필자는 이 경우를 공감 능력을 가진 인재 유형이라고 생각한다.

 5. 진지한 것에 유희, 유머를 추가할 줄 아는 인재.

  _ 펀(fun) 경영이 유행했던 것이 바로 이런 추세를 잘 말해 준다. 그저 열심히 하라고 말하는 것보다는 재미있게, 즐길 수 있게 해 줄 때 직원들은 더 열심히, 더 잘, 더 창조적으로, 더 헌신적으로 일을 하게 된다.

6. 풍요로는 부족하다. '의미'를 찾을 줄 아는 인재.

    _ [죽음의 수용소]라는 책을 집필한 빅터 프랭클 박사의 경우가 바로 이 경우다. 부, 물질, 풍요보다 인간에게 더 필요한 것은 의미라는 것이다. 나치의 강제 수용소에서 인간 이하의 희망 조차 없던 그 곳에서 가장 큰 힘은 의미를 찾는 것이었다.

다시 정리해 보면, 미래 인재의 6 가지 조건은 '디자인, 스토리, 조화, 공감, 유희, 의미'이다.

공부하는 사람이 진짜 행복한 사람이다.

링컨은 다음과 같은 말을 한 것이 아닐까?

" 인간은 자신이 결심한 만큼 행복해진다."

그런데 필자는 이렇게 말하고 싶다.

' 인간은 자신이 스스로 공부한 만큼 행복해진다.'

진짜 인생을 제대로 살아가기 시작하는 가장 어린 나이
인 20대 청춘들이 과연 행복과 성공에 대해 어떤 생각을
가지고 살아가고 있을 까? 필자는 이것이 무척 궁금하다.

성공이나 부자가 되는 것에 대해 청춘들이 매우 큰 관심
을 가지고 있다는 것은 매스컴을 통해 미루어 짐작을 할
수 있다. 하지만 한 가지는 명심해야 할 것 같다.

부나 성공보다 더 중요하고 더 인간을 인간답게 살게 해
주고 더 좋은 삶을 만들어 주는 것은 행복이라는 사실을
말이다.

그런 점에서 공부는 부와 성공을 가져다준다는 점에서 최고의 성공과 부의 비결이라고 말할 수 있다. 하지만 이와 동등하게 공부는 또한 행복의 최대의 비결이라고 할 수 있다.

행복은 결국 우리의 마음에서 시작된다. 필자가 좋아하는 TED 프레젠테이션에서 [행복에 걸려 비틀거리다]의 저자인 대니얼 길버트씨가 나와서 행복에 대해 강연을 한 동영상을 보고 큰 충격을 받았던 적이 있었다.

그 강연의 주제는 한 마디로 행복이었다. 그리고 그가 주장하는 행복은 우리의 마음 속에서 만들어 내야 하는 행복이었다. 즉 외부의 조건이나 상황에 의한 행복보다 스스로 행복을 만들어 낼 수 있고, 만들어 내는 것도 역시 참된 행복이라는 사실에 대한 이야기였다.

인위적인 행복이 절대 자연적인 행복보다 덜 하거나 나쁜 것이 아니라는 사실이다. 공부는 이런 측면에서 최고의 행복 제조기라고 할 수 있다.

공부를 통해 지적 충족과 지적 희열을 우리는 마음껏 즐길 수 있고, 공부를 통해 자아 실현을 할 수 있고, 공부를 통해 자신의 마음을 수양할 수 있고, 인생을 드 높일 수 있다. 이것만큼 큰 행복이 어디 있을 까?

뿐만 아니라 공부를 통해 그 과정에서 나오는 즐거움을 오롯이 누릴 수 있다. 공부한다는 것은 결국 인위적으로 행복을 마구 생산해 내는 것과 다를 바 없는 것이다.

사실 생계 때문에 공부할 형편이 되지 못하는 30대와 40대, 50대들은 정말 불쌍한 사람들이다. 그들은 모두 마음껏 공부 할 수 있었던 학창 시절이나 먹여 살려야 할 처자식이 없었던 처녀 총각 시절, 즉 미혼 시절이 그립다고 한다.

최소한 책임져야 할 가족이 없을 경우 공부를 하는 것도 훨씬 더 부담이 적기 때문이다. 혼자서 공부 할 경우에는 어떻게든 꾸려 나갈 수 있지만, 처자식이 있는 경우에는 공부해 나가면서 어떻게든 가정을 꾸려 나간다는 것이 몇 십 배는 더 힘이 들기 때문이다.

필자가 이런 경우를 실제로 경험해 봤기 때문에 더욱 더 잘 알고 있다. 그런 점에서 진짜 공부하는 사람들은 훨씬 더 행복할 수 있다. 물론 인생의 산전수전을 다 겪고 나서, 인생의 가장 중간 지점인 40대와 50대에 다시 한번 공부를 할 수 있는 사람들은 어쨌든 행복한 행운아들이다.

하지만 진짜 공부를 미련 없이 할 수 있는 사람은 정말로 행복한 사람이 아닐 수 없을 것이다. 과거 조선시대를 되돌아 봐도 이러한 사실에는 변함이 없다.

양반으로 태어나지 못한 이들은 공부할 기회조차 없었고, 중세 시대에는 특별한 사람들만이 글을 읽고 쓸 수 있었다.

그런 점에서 이 시대는 너무 많은 축복을 받은 시대임에 틀림없다. 하지만 공부를 제대로 하지 않는 사람은 그러한 축복과 행운을 제 발로 차 버리는 것과 다를 바 없다.

자신에게 주어진 행복과 행운을 붙잡는 사람들은 결국 공부를 하는 사람들이고, 공부를 하는 사람들은 그러한 행운뿐만 아니라 더 많은 행복을 스스로 만들어 낼 수 있는 행복 창조자들이라고 필자는 명명하고 싶다.

동정보다는 인정받는 사람이 되게 해 준다.

' 동정받는 사람은 대게 크게 성공하거나 어마어마한 부를 획득한 사람이 아니다.

하지만 인정받는 사람은 대게 크게 성공하거나 엄청난 부를 획득한 사람이다. '

당신은 어떤 부류의 사람이 되고 싶은가?

20대 진짜 공부, 어른의 공부는 당신으로 하여금 동정보다는 인정받는 사람이 되게 해 준다는 사실을 명심하자.

동정받는 사람들은 실패자거나 가난한 자들이다. 하지만 인정받는 사람들은 성공자이거나 부자들이다.

연봉이 높은 사람들을 보면 대개 인정을 받는 사람들이다. 하지만 승진에서 밀리고 연봉도 직급보다 더 낮은 사람들은 모두 인정 대신 동정을 받는 사람들이다.

동정과 인정을 가르는 단 한 가지 키워드는 바로 '진

짜 공부' 다.

앞에서 소개했던 책인 [연봉 높은 사람들은 20대부터 무엇을 했나?] 라는 책에 보면, 당신의 장래 연봉은 20대의 습관으로 결정된다고 말하는 대목을 접할 수 있다.

이 책에서도 주장하는 최고의 메시지는 20대 때 공부하고 준비하는 자만이 연봉이 높아진다는 것이다.

이 책뿐만 아니라 [공부하는 독종이 살아남는다]라는 책을 보아도 메시지는 비슷하다. 당신의 미래는 결국 오늘 무엇을 공부하느냐에 따라 달라진다는 것이다.

" '이 나이에? 머리도 다 굳었는데...' 하지만 진짜 공부는 지금부터다. 본격적인 사회인이 되는 20~30대, 이젠 당신이 사회의 주인이다. 주인이 되면 문제가 보인다. 문제가 보이면 해결해야 한다. 해결하려면 공부를 해야 한다." < 이시형, [공부하는 독종이 살아남는다], 25쪽 >

동정받는 사람들은 대부분 문제를 보지 못 하고, 문제를 해결하려고 하지도 않는 다. 문제의식도, 주인의식도 결핍되어 있다. 특히 자기 인생에 대해서도 주인 의식이 없다. 그래서 공부의 필요성조차 느끼지 못하게 된다.

하지만 각 분야에서 인정받는 사람들은 대부분 문제의식과 주인의식을 항상 가지고 있다. 그래서 그들은 문제가 보이고, 그것을 해결하기 위해 반드시 필요한 것이 공부라는 것을 의식하게 된다. 그 결과 그들은 공부를 하지 말라고 말려도 공부하게 되는 것이다.

그리고 그러한 공부를 통해 결국 인정받는 사람이 되는 것이다.

" 공부는 부메랑이다. 그 효과는 반드시 돌아온다. 이 달콤한 투자에 딱 한 가지 필요한 것, 그것은 견디는 시간이다."   < 이시형, [공부하는 독종이 살아남는다], 47쪽 >

20대부터 진짜 공부를 하게 되면, 반드시 공부의 효과를 얻게 된다. 그러므로 공부에 제대로 한 번 미쳐보자. 미치는 만큼 인정받는 사람이 되는 것이다. 공부의 효과는 20대뿐만 아니라 40대, 60대, 80대에게도 그대로 돌아온다. 이 세상에서 배신하지 않는 것 중 원탑이 바로 공부다. 당신이 누구든, 나이가 얼마든 공부는 반드시 보답한다. 그러므로 공부에 한 번 미쳐보라.

성공과 실패는 1%의 의식의 차이에서 비롯된다.

헬렌 켈러는 이런 말을 한 적이 있다.

" 나는 폭풍이 두렵지 않다.
　나는 배로 항해하는 법을 알고 있기 때문이다. "

진짜 공부는 그녀의 말처럼 자신의 배로 항해하는 법을 알아가기 위해 하는 것이다. 일할 때 써 먹기 위해 하는 공부는 진짜 공부가 아니다. 자신의 인생에 폭풍이 불어 닥친다고 해도 두려워하지 않고 자신의 배로 항해하며 당당히 살아내기 위해서 하는 공부가 진짜 공부다.

　성공과 실패를 진짜 공부로 결정 나지만, 진짜 공부의 목표는 부나 성공이 아니다. 부와 성공은 부산물이고 결과물에 불과하다.

　그렇다면 공부가 왜 뿌리 깊은 나무처럼 살 수 있게 해주는 것일까?

　그것은 배움이라는 것이 결국에는 인간의 내면을 성장

시켜 주는 것이기 때문이다. 흔들림 없는 삶을 살게 해 주는 것은 인간의 외부 환경이 아니라 인간의 강하고 큰 내면인 것이다.

　인간의 내면을 키우고 크게 하는 것이 바로 공부이기 때문이다. 배운다는 것에 대해 아주 잘 설명한 글을 읽은 적이 있다. [내 삶의 기초를 다지는 인문학 공부법, 단단한 공부]라는 책에서 읽은 대목이다.

　" 배우기를 열망한다는 것은 곧 자기를 둘러싼 세계를 인식하는 것이고, 세계에 대해 생각하는 것이며, 자기 생각을 다른 사람과 나누고 다른 사람의 생각을 받아들이는 것이다. 인식, 사유, 소통, 이 세 가지는 모든 교육을 가능하게 하는 기본 근거이다." 　[윌리엄 암스트롱, [단단한 공부], 52쪽 >

　우리를 둘러싼 세계를 잘 인식할수록 우리는 강해질 수 있다. 그리고 그것은 공부를 통해서 가능하다고 생각한다.

　공부를 통해 당신이 얻을 수 있는 것들 중에 하나가 바로 인식이 달라진다는 것이다. 이것은 지식보다 더 중요하다. 인식이 달라지면 결국 의식 수준이 달라지게 된다. 우리는 우리의 눈에 보이는 만큼 생각하게 되고, 의식하게 된다. 그리고 우리가 의식하는 만큼 우리는 그만큼 성장하고 발전했다고 말 할 수 있다.

 공부를 깊고 넓게 한 사람들은 인식하는 범위, 눈에 보이는 범위가 깊고 넓다. 그래서 수 천 권의 책을 읽게 되면, 읽은 만큼, 공부한 만큼 어제까지는 보이지 않았던 것들이 보이게 되고, 새롭게 인식하게 되는 것이다. 그러한 인식의 차이가 인생의 격과 질을 결정짓는 것이라고 할 수 있다.

 그런 점에서 성공과 실패는 능력의 차이보다 1%의 작은 의식의 차이에서 비롯된다. 그런데 그 1% 라는 작은 의식의 차이를 만들기 위해서는 99%의 공부의 축적이 있어야 한다. 그래서 쉽게 생각해서 1%의 의식의 차이는 쉽고 간단하게 생각만 다르게 먹으면 되는 것이라고 생각할 수 있다.

하지만 이것은 가장 큰 오산이다.

긍정, 열정, 자신감 같은 것이 성공하기 위해 가장 중요한 요소라고 강조하면서, 이러한 것들이 그저 쉽게 자기계발서를 읽고 감동받고 용기를 얻어서 가질 수 있는 것이라고 생각하면 그것만큼 큰 오산은 없을 것이다.

긍정, 열정, 자신감을 한 두 권의 책을 통해 얻었다고 하는 사람은 그만큼 쉽게 얻었기 때문에 쉽게 사라진다는 사실을 알아야 한다. 아무 근거도 없는 자신감만큼 위험한 것은 없기 때문이다.

하루하루 작은 양이지만 공부의 축적을 통해 내공을 다진 사람들만이 1 %의 의식을 다르게 할 수 있고, 참 된 긍정과 열정을 가질 수 있게 되고, 근거가 있는 자신감을 가질 수 있게 된다.

이러한 열정과 긍정이야 말로 식지 않는 긍정과 열정이며, 근거가 있는 자신감이다.

완벽을 추구하기 보다는 남다름을 추구하라.

일반적으로 한국 사회에서 태어난 초등학교와 중학교, 고등학교와 대학교를 나오게 되면 평준화가 된다. 즉 남들과 비슷하게 생각하고, 비슷하게 옷을 입고, 비슷하게 말을 하고, 비슷하게 살아가게 된다.

그 이유는 한국 사회를 지배하고 있는 패러다임 중에 하나가 '모난 돌이 정 맞는다'라는 패러다임이 있기 때문이다. 학교를 다니면서 중간 정도를 하는 것이 가장 안전하고 좋았다. 너무 잘하는 것도 너무 못하는 것도 치명적이었다. 심지어 군대 생활을 할 때 이런 패러다임은 남자들을 철저하게 지배했다. 최소한 필자에게는 그랬던 것 같다.

군대에서 무엇을 하든 남들과 다르게 하면 그것은 가장 위험한 것이고, 자기 자신을 가장 힘들게 만드는 최고의 방법이었던 것이다.

그 결과 한국 사회를 살아오면서 느낀 점은 '튀면 죽음이라는 것 '이다. 너무 남과 다른 존재가 되면 사는 것이

피곤하고 힘들고 어렵고 복잡하게 된다고 생각했다.

하지만 지금 생각해 보니, 이러한 패러다임은 누군가가 무엇을 용감하게 시도하고 도전하는 데 있어서 가장 먼저 극복해야만 하는 가장 힘든 패러다임 중에 하나였던 것 같다. 이러한 패러다임에 처음부터 물들지 않았다면 좀 더 좋은 인생을, 좀 더 나은 인생을, 좀 더 빨리 살아가게 되었을 것이다.

필자가 남과 다른 존재, 모난 돌이 되는 것, 튀는 것이 더 나은 인생 전략이라는 것을 깨닫게 된 가장 큰 계기가 되어 준 사람은 세스 고딘이었다. 그의 책을 통해 필자는 튀는 것이 부정적인 것이고 나쁜 것이고 손해 보는 것이 아니라 긍정적인 것이고 좋은 것이고 유익한 것이라는 사실에 대해 비로소 처음으로 인식하게 되었던 것이다.

바로 이 책의 이 대목을 읽고서 말이다. 그 대목을 소개하면 이렇다. 조금 길다.

" 몇 년 전 가족과 함께 자동차로 프랑스를 여행할 때의 일이다. 우리는 동화에나 나옴 직한, 소 떼 수백 마리가 고속도로 바로 옆 그림 같은 초원에서 풀을 뜯고 있는 모습에 매혹되었다. 수십 킬로미터를 지나도록, 우리는 모두 창밖에 시선을 빼앗긴 채 감탄해 마지않았다.

” 아, 정말 아름답다! “

그런데 채 20분도 지나지 않아, 우리는 그 소들을 외면하기 시작했다. 새로 나타난 소들은 아까 본 소들과 다를 바가 없었고, 한때 경이롭게 보이던 것들이 이제는 평범해 보였다. 아니 평범함 그 이하였다. 한마디로 지루하기 짝이 없었다. 소 떼는, 한동안 바라보고 있노라면, 이내 지루해진다. 그 소들이 완벽한 놈, 매력적인 놈, 또는 대단히 성질 좋은 놈일지라도, 그리고 아름다운 태양빛 아래 있다 할지라도, 그래도 지루하기는 마찬가지다.

그렇지만 만일 '보랏빛 소'라면 .... 자, 이제는 흥미가 당기겠지?

퍼플 카우(Purple Cow)의 핵심은 '리마커블 (remarkable)'해야 한다는 것이다. “

　　　　　<세스 고딘Seth Godindms, [보랏빛 소가 온다(원제: Purple Cow)], 16~17쪽 >

　결국 최고의 성공 비결은 '남과 다르게, 튀어야 한다'는 것이었다. 필자는 이제 이렇게 생각한다. 그것이 바로 또한 비범한 인물이 되는 최고의 방법이라고 생각한다.

" '완벽이 아니면 모두 소용없다.' 라는 격언을 한 단어로 줄이면 '무기력' 이다."

처칠의 이 말은 많은 것을 생각하게 해 준다. 당신은 이 말을 읽고 무엇을 느꼈는가?

　필자는 이 말을 접하고, 완벽함을 추구하는 것은 쉽게 완벽함의 함정에 빠져들게 되고, 그로 인해 그 함정 때문에 그 어떤 것도 시도하지 못한 채 조용히 절망만 하며 살아가는 많은 평범한 사람들을 생각하게 되었다. 물론 그 많은 평범한 사람 중에는 필자도 포함되어 있다. 적어도 3년 전에는 그랬다.

　그렇게 30대 후반까지 살았는데, 결국 평범한 인생에서 벗어나지 못했다. 그리고 그 대가는 인생이 재미없고 사는 것도 힘들다는 것이었다. 하지만 3년 전부터 남다름을 추구하자 인생이 달라지기 시작했다.

물론 남다름을 추구하자마자 바로 달라진 것은 아니다, 밥도 먹기 위해서는 밥을 해야 하고, 밥이 될 때 까지 기다려야 한다. 하지만 밥을 먹기 위해 밥을 하기 시작하면 그 사람은 반드시 밥을 먹을 수 있게 된다. 시간문제일 뿐이다. 하지만 밥을 하지 않는 사람은 아무리 시간이 많이 흐르고 인생이 흘러도 어제와 다를 바 없이 평범하고 밥을 먹지 못할 것이다.

남다름을 추구한다는 것에 대해 확고한 인식을 준 사람은 톰 피터스이다.

"(기업, 그리고 당신에게) 차이, 특히 극적인 차이야말로 브랜딩의 전부다. 당신은 어떤 면에서 독특한가? 그걸 찾아내라. 그걸 선전하라. 그걸 키워라."
_톰 피터스, <인재>, 51쪽

세계적인 경영 컨설턴트인 그는 남다른 차이에 대해 주

목하게 해 주었다. 그리고 그 결과 필자는 어제와 전혀 다른 인생을 살아갈 수 있게 되었다.

필자가 무엇을 하든 완벽을 추구했다면 지금도 어제와 다를 바 없는 평범한 인생을 살았을 것이다. 평범한 인생은 힘들고 복잡하고 어렵고 고달프다. 평범한 인생을 40년 정도 살아왔던 필자의 견해는 이렇다.

그리고 이제 비범한 인생을 1년 정도 살고 있는 필자의 비범한 인생에 대한 견해는 쉽고 즐겁고 단순하고 재미있고 눈부시다는 것이다. 그런데 여기서 중요한 사실은 필자로 비범한 인생을 살게 해 준 것은 필자의 능력이 아니라 인식이었다는 점이다.

완벽에 대한 추구에서 남다름에 대한 추구로의 인식 전환이 결국 비범한 인생을 살아갈 수 있게 해 주었다는 사실이다. 그리고 이러한 인식의 전환은 결국 공부를 3년 정도 했기 때문에 가능했다는 점을 밝히지 않을 수 없을 것 같다.

필자가 공부를 하지 않았다면 지금도 그러한 인식의 전

환은 영원히 불가능한 일이 되었을 것이다. 공부 말고는 인식이 바뀌도록 해 주는 것은 이 세상에 별로 없기 때문이다. 그것도 40년 동안 굳어질 대로 굳어진 낡은 인생관을 가지고 있는 중년에게는 더욱더 그렇다.

만 권의 책을 읽고 만 리를 여행하라.

명말청초 위기의 시대를 대표하는 학자인 고염무(顧炎武)는 위기의 시대를 살면서 끝까지 지조를 버리지 않았던 참된 지식인이자 사상가였다. 그의 집에는 장서만 6,000권에서 7,000권이 넘었다고 한다.

그런데 그는 집 밖에 나가지도 않고 책도 읽지 않는 그런 선비들을 멸시했다고 한다. 한 마디로 집안에서 빈둥빈둥 시간을 보내는 그런 한량들을 멸시한다는 것이다.

" 사람이 무언가를 배운다고 하면서 하루 나아가지 못하면 하루 뒤처지는 것이다. 친구도 없이 혼자 공부만 파는 것은 고루할 뿐 아니라 성과를 내기도 어렵다. 한쪽에만 오래 치우쳐 있으면 거기에 물들어 깨닫지 못하게 된다. .... 집 밖에 나가지 않고 책도 읽지 않는 사람은 벽창호 선비다."   < 김영수, [현자들의 평생공부법], 249쪽 >

그는 두 마리의 말과 두 마리의 노새에 책을 싣고 돌아다니는 것을 좋아했고, 기이한 책을 보면 기어이 손에 넣어야 직성이 풀렸다.

어렸을 때부터 그는 책 읽기를 좋아했을 뿐만 아니라 다양한 책을 만나보고 구하기 위해 20년 동안 천하의 명산, 도시 등 안 다닌 곳이 없을 정도였다. 그는 공부법, 독서법에 관련하여 우리들의 가슴에 영원히 남는 짧지만 강렬한 명언을 남겼다.

' 독서만권(讀書萬卷) 행만리로(行萬里路)'

'만 권의 책을 읽고 만 리 길을 다녀라' 라는 이 말은 정말 멋진 말이면서 동시에 어떻게 공부를 해야 할 것인가에 대하여 분명한 방법론을 제시해 주는 말이다.

그의 말처럼 만 권의 책을 읽고 만 리 길을 다니면 그것이 진정한 공부법일까?

필자는 그렇다고 생각한다. 만 권의 책을 읽게 되면 사람의 의식과 사고가 편협함에서 벗어날 수 있고, 만 리 길을 다니면 넓은 세상을 경험하면서 세상을 보는 시야가 넓어지게 된다.

그 결과 큰 인생을 살아갈 수 있는 토대를 마련하게 된다. 생각하는 것, 느끼는 것, 보는 것이 한 두 권의 책도 읽지 않고, 우물 안에서만 지낸 사람과 다르기 때문이다.

독서와 관련한 공부법 중에서 필자가 항상 강조하는 독서의 방법은 두루 많은 책을 섭렵하라는 것이다. 한 두 권의 명저만 읽는 다는 것은 결국 그 책의 생각의 틀 속에 자신을 넣고 가두는 것과 다름없기 때문이다.

중국이 낳은 가장 위대한 문학자이자 사상가였던 노신(魯迅)은 독서 방법에 대해 아주 중요한 몇 가지 사실을 잘 말해 준 바 있다.

먼저 그가 제시하는 독서 방법은 '두루 많이 읽어라'는 것이다. 그는 이것을 강조하기 위해 꿀벌이 많은 꽃에서 꿀을 채집해야 달콤한 꿀을 만들 수 있다는 사실을 비유로 설명했다.

'꿀벌 같아야 한다. 많은 꽃에서 채집해야 달콤한 꿀을 만들 수 있는 것과 같다. 한 곳에서만 빨면 얻는 것에 한계가 있고 시들어버린다.'   < 김영수, [현자들의 평

생공부법], 280쪽 >

　이것은 고염무가 애기한 　'독서만권'이라는 주장과
일맥상통하다.

　그리고 두 번째 방법은 　'사색하고 사회와 접촉해 읽은
책을 살리는 독서'를 하라고 말한다.

　" 깊이 파고드는 독서에도 병폐가 있다. 따라서 사회와
접촉해 읽은 책을 살려야 한다.
　　자기 사색, 자기 관찰이 요구된다. 그저 책만 봐서는
책 상자로 변할 뿐이다. 설사 흥취를 느낀다 할지라도 그
흥취는 사실 이미 경색되기 시작해 결국은 죽은 것이 될
것이다. "
　　　　< 김영수, [현자들의 평생공부법], 283쪽 >

　그리고 이것은 고염무가 말한 　'행만리로'와 일맥상통
한 의미라고 말할 수 있을 것이다. 노신은 한 마디로 세
상과 교류하는 살아있는 독서와 공부를 하라고 조언하고
있는 것이다.

공부도 이렇게 해야 한다. 특히 인생에 대해 30대나 40대에 비해 산 경험이 상대적으로, 그리고 절대적으로 어느 모로 봐도 적은 20대들은 세상과 교류하는 공부를 병행해야 한다.

젊었을 때 고생은 사서도 한다는 말이 있는 이유가 바로 이것이다. 고생이라는 것은 평범한 일상에서 쉽게 경험할 수 없는 그런 특별한 경험이다. 그리고 이것보다 더 좋은 인생 경험은 넓은 세상을 다니면서 수많은 사람과 이야기를 나누고, 다양한 삶의 모습들을 직접 눈으로 보고 경험하는 것이다.

동전도 양면이 있고, 하루도 낮과 밤으로 이루어져 있고, 세상도 남자와 여자로 나눌 수 있는 것처럼, 공부도 책상에서 하는 공부와 세상에 나가서 하는 공부가 있음을 기억해야 할 것이다. 다만 하루하루 시간을 빈둥빈둥 낭비하는 것은 공부가 아니라 방탕이라는 것이다. 집에 있으면서 하루 종일 책을 통해 공부도 하지 않으면서, 넓은 세상을 보고 배우는 여행도 하지 않는 20대는 아무것도 배우지 못하고, 생각하지 못 하기 때문이다.

'진짜 공부'는 비범한 인물이 되게 한다.

" 아아, 곤륜산의 옥도 갈고 다듬지 않으면 기와 조각
과 같고, 예장(豫章)의 좋은 재목도 깎고 다듬지 않으면
가시나무와 같다. 안자(晏子)와 맹자의 자질도 배우고
닦지 않으면 범부, 천졸(賤卒)에서 벗어나지 않을 것이
다. 그러므로 옥도 다듬지 않을 수 없고, 재목도 깎지 않
을 수 없으며, 사람도 배우지 않을 수 없는 것이다.

사람으로서 배울 줄 모른다면 지혜롭다고 할 수 있겠
으며, 알면서도 행하지 못한다면 의롭다 할 수 있겠으며,
할 줄 알면서도 힘껏 하지 않는다면 용기가 있다고 할
수 있겠는가? " < < 김건우, [옛사람 59인의 공부 산
책], 140쪽 >

우리 조선 시대의 선비 중 한 명인 담헌 홍대용 선생이
한 말이다.

곤륜산의 옥도 다듬지 않으면 기와 조각과 같고, 좋은 재
목도 깎고 다듬지 않으면 가시나무와 다를 바 없듯이 사
람도 공부하지 않으면 지혜롭지도 못하게 된다는 것이
다. 실제로 공부를 하지 않고서 비범한 인물로 도약한 사

람은 역사상 한 명도 없다.

레오나르도 다빈치도 역시 타고난 천재가 아니었다. 피나는 독학을 통해 천재로 도약했던 인물이었고, 존 스튜어트 밀도 역시 둔재로 태어났지만 공부를 통해 위대한 천재로 도약했던 인물이었다.

발타자르 그라시안은 자신의 책을 통해 이런 말을 한 적이 있다.

" 무릇 사회에는 비범한 인물이 필요하다. 그러므로 남들과는 다른, 자신만의 매력을 갈고닦는데 망설이지 말자. 어느 정도의 논쟁이나 비판은 오히려 철저한 무관심보다 훨씬 낫다. 이는 어떤 업계라도 마찬가지다. 성공하고 싶다면 어느 정도의 연예인 기질을 갖춰야 하는 법이다. 스스로를 보이고, 공백을 채워 가며, 자신의 결점을 덮어라. 특히 실질적인 업적이 있을 때는 자신을 당당히 드러내고 돋보이게 하자." < 발타자르 그라시안, [지혜를 갖추고 상대를 압도하라], 160쪽 >

비범한 인물이 되기 위해서는 남과 다른 자신만의 매력

을 갈고 닦아야 한다. 그렇다면 남과 다른 자신만의 매력을 어떻게 발견하고, 어떻게 그것을 갈고 닦을 것인가? 그리고 자신의 공백을 어떻게 채워 갈 것이며, 어떻게 자신의 결점을 덮을 것인가?

이 모든 것을 가능하게 해 주는 것은 바로 '공부'이다. 공부의 주된 목적은 자기 자신에 대한 깊은 성찰이다. 그리고 그 성찰은 자신만의 남과 다른 매력, 차이점을 발견할 수 있게 해 준다. 그리고 그 성찰은 또한 자신만의 매력을 어떻게 갈고 닦을 수 있을지에 대해서도 깨닫게 해 준다.

뿐만 아니라 공부를 통한 자신의 성찰은 자신에게 부족한 공백을 어떻게 채워나가며, 어떻게 자신의 결점을 보강해 나갈 것인지에 대해서도 새롭게 인식할 수 있게 해 준다. 그런 점에서 당신을 비범한 남과 다른 존재로 만들어 주는 것은 잡기가 아닌 공부이다.

잡기는 조금 더 남들보다 잘하게 해 주지만, 공부는 당신을 남들과 다른 존재, 즉 비범한 존재로 만들어 준다.

회사에서 열심히 일을 해서 승진을 해서 어떤 직위를 가졌다고 해서 그것이 당신이 비범한 존재라는 것을 의미하지는 않는다. 그 자리는 몇 년 후에 다른 사람으로 바뀌게 된다. 그 때 당신은 다시 무직이 되어야 한다. 직위나 회사 이름이 표시된 명함에만 의지할 경우 몇 년 후에는 비참한 상황을 맞이하게 된다.

공부를 통해 내공을 갖춘 자들은 절대 이때 당황하지 않는다. 그들은 직위가 표시된 명함이 없어도 세상에서 인정을 받을 수 있는 비범한 존재로 자신을 발전시켜 나갔던 인물이기 때문이다.

20대부터 진짜 공부를 해야 하는 가장 큰 이유 중에 하나는 그것이 자신을 비범한 존재로 만들 수 있는 최고의 방법이기 때문이다.

이 세상에 공부가 아니고서는 당신을 어떻게 비범한 존재로 만들 것인가? 물론 접시닦이를 남들보다 엄청나게 잘 해서 달인의 수준이 되어 스타킹에 출연할 수도 있다. 하지만 그렇다고 해서 당신이 비범한 존재라는 것은 아니다. 더 중요한 사실은 그렇게 아무리 잘 해도 당신은 별로 인생이 달라지지 않을 뿐만 아니라 귀인이 되지 못한다는 것이다.

 당신의 인생을 바꿀 수 있고, 귀인이 되게 해 주는 것은 공부뿐이다. 공부가 아니고서 무엇으로 당신을 스스로 드높일 수 있겠는가?

공부를 통해 100세 인생의 준비를 하라.

‘ 지혜로운 사람은 여름날에 겨울철 양식을 미리 비축
해 둔다. 사전에 위기를 대비하는 것은 결코 지나친 일이
아니다. 오히려 역경에 빠진 후에는 모든 일이 더욱 힘들
어질 것이다.

재능과 지혜를 갖춘 사람은 결코 운에 기대어 일을 처리
하지 않는다. 개인의 노력을 통해서만이 자신의 운명을
결정할 수 있으며, 충분한 자신감을 갖춰야만 행운을 기
대할 수 있다.

기민하고 유연한 사고를 지닌 사람은 신중하되 답답하
지 않으며, 대담하되 경거망동하지 않는다.

용기와 미덕을 갖춘 이들은 탁월한 담력과 명철한 혜안
으로 일을 처리하며, 행운까지 더해져 엄청난 성과를 거
둬 낸다. “ < 발타자르 그라시안, [지혜를 갖추고 상대
를 압도하라], 24쪽 >

이 말처럼 지혜로운 사람은 여름날에 겨울철에 먹고 지
낼 양식을 미리 준비하고 비축해 두는 사람이다. 20대
청춘은 어떻게 보면 인생의 가장 뜨거운 여름날이라고
할 수 있다. 그런 여름날에 그저 흥청망청 청춘을 보내는

사람들은 인생의 겨울에 누구보다 더 춥고 배고프고 외로울 수 있다.

 인생의 여름날이라고 할 수 있는 20대를 인생의 겨울날을 위해 가장 잘 준비하는 사람은 공부하는 사람이다. 스스로 해 놓은 공부만큼 기대고 믿을 수 있는 것은 없다.

 돈이나 명성이나 인기는 하루아침에 사라질 수 있다. 그래서 돈을 너무 의지하고 기대하는 사람은 바로 그 돈 때문에 큰 곤란을 겪게 될 수 있고, 인기나 명성에 의지하여 그것을 너무 기대하는 사람들은 하루아침에 인기가 사라지거나 조금씩 그것들이 없어졌을 때 혹독한 인생을 겨울을 맞이해야 한다.

 하지만 진짜 공부를 통해 자신의 재능과 지혜를 갖추어 나간 사람은 결코 혹독한 인생의 겨울을 맞이하는 일이 없다. 자신의 지혜와 재능으로 충분히 인생을 잘 살아갈 수 있기 때문이다.

 그런 점에서 진짜 노후 준비는 바로 공부인 것이다.

공부를 통해 참된 미덕과 용기를 갖출 수 있게 되고, 담력과 혜안을 가질 수 있게 된다. 그래서 이러한 것들을 갖춘 사람들은 절대로 긴 인생을 살면서 경거망동하지 않는 다. 공부를 통해 내공을 쌓은 이들은 쉽게 경거망동하지 않는다. 하지만 운이 좋아서 한두 번 인생이 잘 풀려서 성공하게 된 사람은 공부를 통해 자신의 실력으로 성공의 길을 밟아나가는 사람과 달리 한 순간에 무너지는 경우가 많다.

공부를 통해 미덕과 혜안을 갖추지 못했기 때문에 어떤 행동을 해야 할지 몰라 경거망동하게 되기 때문이다.

연예인들이나 유명인 사들을 보면 정말로 어처구니없고, 어리석은 행동을 통해 한순간에 수십 년 동안 정성을 다해 쌓아 올린 명성과 성공을 허물어뜨리는 경우가 있다. 그런데 그러한 어리석은 행동을 자신도 스스로 절제를 하지 못 하기 때문이라는 사실을 알아야 한다.

왜 그들은 그런 행동들을 절제하지 못하는 것일까? 공부를 통해 자신의 마음을 다스리는 법을 배우고 익히지 못했기 때문이다. 그런 점에서 진짜 공부를 통해 성공한 사

람들은 그 성공이나 명성이 절대로 하루아침에 사라지지
않는다.

 태산처럼 진중하고 요동치지 않는 인생이 바로 공부하
는 사람들의 특징이라고 할 수 있다.

 '100세 시대(homo hundred)' 에 당신은 무엇으로
긴 인생을 준비할 것인가?

 필자가 제안하는 한 가지는 바로 공부이다.

 '여우는 많은 것을 안다. 그러나 고슴도치는 하나밖에
모른다. 그리고 그것이 위대하다.'

 고대 그리스 시인 아킬로쿠스가 쓴 문장이다. 이것처럼
고슴도치처럼, 심플하게, 단순하게, 한 가지만 알면 된다.
바로 공부 말이다.

 이것이 길어진 인생을 제대로, 행복하게, 성공적으로 살
아가는 기술이며 수단이다.

" 많은 것을 바꾸고 싶다면 많은 것을 받아들여라. "

_ 장 폴 사르트르

제2장. 무엇을 선택하고 어떻게 공부할 것인가.

" 학문의 최대의 적은 자기 마음속에 있는
  유혹이다."

_ 윈스턴 처칠

" 많은 것을 바꾸고 싶다면 많은 것을
  받아들여라. "

_ 장 폴 사르트르

"내가 어떤 존재이고 왜 여기 있는지 알지
못한다면 인생을 살아 갈 수 없다."

_톨스토이

" 인생은 대담무쌍한 모험이 아니면 아무것도
  아니다. "

_ 헬렌 켈러

한물간 MBA보다 MFA를 공부하라.

시대는 빠르게 변하고 있다.

20대인 당신이 앞으로 살아가야 할 시대는 현재가 아니고 미래다.

그 미래는 지금 가장 각광받고 있는 분야가 그대로 가장 각광받을 것이라는 안일하고 어리석은 생각을 해서는 안 될 것이다.

물이 흘러 바다로 가듯, 시대는 언제나 바뀌어 왔고, 흘러 왔다. 그리고 그러한 시대의 흐름은 패러다임과 가치관을 바꾸었고, 그 시대에 가장 중요한 학과와 분야를 수도없이 많이 바꾸어 왔다.

이제 또 한 번 빠르게 변하고 있다는 사실을 알 수 있는 현상들이 세계 곳곳에서 일어나고 있다. 그런 현상 중에서 하나가 MBA에 대한 사회적 요구다.

필자가 직장 생활을 열심히 할 때인 90년대를 전후로

해서 가장 인기 있는 분야는 MBA였다.

그 당시는 MBA 학위만 하나 있으면 정말 장래가 촉망받는 인재에 들어갔다. 한 마디로 MBA는 최고의 성공의 보증 수표였다. 그래서 그 당시는 엄청난 MBA열풍이 불었고, 너나 나나 할 것 없이 MBA를 하기 위해 엄청난 돈을 들여서 대학원에 가거나 유학을 갔다.

필자는 그럴 형편이 못 되어 가지 못 했지, 안 간 것이 아니다. 하지만 결과적으로 그것을 안 갔기 때문에, 아니 못 갔기 때문에 지금 이렇게 글을 쓸 수 있는 것인지도 모르지만 말이다.

어쨌든 실제로 그 시대를 전후해서 MBA가 최고의 경쟁력이었다. 하지만 이제는 10년도 안 되어 시들해지고 있다. 그것을 눈치채지 못하는 사람들은 시대의 흐름에 눈을 뜨지 못한 자신을 곰곰이 생각해 봐야 할 것이다.

불과 몇십 년 전에는 MBA가 입학하기 가장 힘든 학과였다. 그래서 입학 경쟁률이 거의 최고였다. 그 어떤 것도 MBA만큼의 인기와 경쟁률을 가진 것은 없었다. 하지만 이제는 소비자의 감성을 자극할 수 있는 디자인과 감성 경영이 중요해졌다. 그 결과 MBA보다 MFA(Master of Fine Arts) 라는 학과가 더 각광 받는 학과로 부상하고 있다.

하버드 MBA 과정은 지원자의 10% 내외를 합격시킨다. 즉 열 명 중에 한 명이 합격할 수 있다. 이것도 엄청난 것이다. 하지만 이것보다 더 놀라운 학과가 바로 지금 부상하고 있는 MFA이다.

UCLA의 미술대학원 즉 MFA(Master of Fine Arts) 미술학 석사 과정은 단지 3%만 합격시킨다.

이러한 추세를 반영이라도 하듯, 기업들은 일제히 예술 관련 학위가 있는 인재들을 선발하기 시작했다.

맥컨리앤컴퍼니라는 회사는 1993년 MBA를 60% 이상 선발했지만, 10년도 채 안 되어 43%로 줄어들었다. 그리고 그 자리를 소비자의 감성을 자극할 수 있는 디자인 전공자들과 인문학 전공자들이 메꾸고 있다.

하버드 비즈니스 리뷰에 따르면, ' 디자인 경영의 중요성이 확산됨에 따라 이제는 MBA 대신 MFA 시대가 열리고 있다.' 는 것이다.

뿐만 아니라 삼성을 비롯한 여러 국내 기업에서도 인문학 전공자들, 디자인 전공자들을 과거보다 훨씬 더 많이 선발하기 시작했다.

20대 청춘들이 공부할 과목이나 분야를 선택할 때 몇 가지 고려해야 할 사항을 말하라고 한다면 가장 먼저 말해주고 싶은 것은 지금 현재 가장 각광받고 있는 분야를 절대 선택하지 말라는 것이다.

지금 현재 가장 각광받고 있는 분야는 20대인 당신이 가장 왕성하게 사회생활을 해야 할 30대와 40대, 그리고 가장 큰 경쟁력이 필요한 50대에 반드시 사그라지게 될 것이 너무나 확실하기 때문이다.

지금 가장 각광받는 분야는 아니지만 다가오는 미래에는 각광을 받을 것 같은 분야를 잘 선택할 필요가 있다. 그리고 동시에 자기 자신이 가장 좋아하는 분야를 선택할 필요도 있다.

필자는 후자를 선택했다. 20대인 당신은 당신의 직관이
이끄는 것을 용기를 내어 선택하는 것이 중요하다.

그렇게 해야 후회하지 않는 인생을 살 수 있기 때문이
다. 자기 자신에게 더 많은 기회를 줄 수 있는 분야를 선
택해야 한다. 그리고 처음에는 깊게 파기 위해 먼저 넓게
파는 것이 중요함을 명심하자.

세상은 넓고 공부해야 할 것도 많다. 당신에게 가장 좋
은 보상을 해 줄 공부가 어떤 공부인지를 잘 선택해야 한
다. 처음부터, 곧바로, 즉시 좋은 선택을 할 수 없다. 많은
책을 통해 공부하면서 사고와 의식이 향상 된 후 좋은 선
택을 해도 늦지 않다.

그런 점에서 먼저 다양한 분야를 넓게 공부하는 것이 중
요하다. MBA도 살펴보고, MFA도 맛보라. 그리고 또 다
른 수많은 분야를 섭렵해 보라. 그러고 나서 자신에게 가
장 맞는 것을 선택하면 된다.

하지만 많은 사람들이 MFA와 같은 예술과 관련된 공부를 등한시한다. 대부분의 사람들은 말을 안 해도 인기가 좋은 MBA를 선택한다. 그렇기 때문에 필자는 MBA보다 MFA를 공부할 것을 권해주고 싶다.

미술, 음악, 예술은 인간의 감성을 가장 풍부하게 해 주고, 창조적인 활동을 요구하는 학문의 분야이다. 이러한 학문을 공부하는 사람은 감성이 무엇보다 풍부해진다. 지금 20대인 당신이 가장 왕성하게 활동해야 할 시대는 논리적이고 똑똑한 좌뇌 중심의 인재들이 세상을 이끌고 가는 시대가 아니라, 감성적이고 통합적인 우뇌 중심의 인재들이 세상을 이끌고 가는 시대임을 알아야 한다.

인간에 대한 통찰_ 인문학의 심연에 빠져라.

플라톤의 [프로타고라스] 라는 책에 보면 공부를 통해
왜 지혜를 길러야 하는 지에 대해 잘 알게 해 주는 대목
이 나온다.

' 이 지방 사람들은 자신들이 다른 그리스인들보다 뛰
어난 것은 지혜로 인한 것이 아니라 싸움과 용기로 얻은
것이라고 남에게 인식시키려 하였습니다. 그들이 뛰어난
이유가 상세히 밝혀지면 모든 사람이 지혜를 갖추려 애
쓸 것이라고 생각했습니다. 지금도 이 비밀은 잘 지켜져
여러 나라에 흩어져 있는 스파르타 예찬가들은 대부분이
그들의 계교에 넘어갔습니다.'   < 플라톤, [프로타고
라스], 92쪽 >

지식이나 정보 보다 지혜는 인간의 삶에 관련된 것이다.
그런 점에서 인간의 지혜는 인문학 독서를 통해 함양될
수 있다고 나는 생각한다. 이것이 20대 당신이 인문학을
반드시 읽어야 되는 이유이다.

읽는 정도를 넘어서 인문학의 바다에 빠져야 하는 이유

는 한두 권의 책을 읽었다고 인문학의 참된 지혜와 맛을 느낄 수 없기 때문이다. 또한 아무리 훌륭한 고전이라고 해도 단 한 권의 책보다는 여러 권의 책을 두루 섭렵하는 것이 훨씬 더 낫기 때문이다.

그리고 그러한 독서를 통해 새로운 가치 있는 아이디어들이 나온다고 나는 생각한다. 공자에 대해 권위자인 리링은 자신의 저서를 통해서 고전의 매력에 대해 다음과 같이 멋진 말로 설명한 적이 있다.

" 고전의 매력은 질박質朴입니다.
그리고 그것은 고전이 가진 힘의 원천이기도 합니다. 즉 전혀 다듬어지지 않은 통나무와 같은 것이 고전입니다. 통나무는 식탁의 재료가 되기도 하고, 수레의 재료가 되기도 하고, 궁궐의 재료가 되기도 합니다. 통나무로 무엇을 만들 것인가 하는 것은 만드는 사람의 의지에 달려 있고, 완성된 물건은 통나무의 질감이 살아 있으면서도 만든 사람의 생각이 반영되어 있습니다. 우리는 새로운 생각이나 방법을 가지고 얼마든지 통나무를 깎아 새로운 물건을 만들 수 있습니다. 새로운 물건이 가공되지 않은 원재료를 바탕으로 만들어지

는 것과 같이 새로운 아이디어는 고전을 통해 나옵니
다."

< 리링李零, [집 잃은 개], 1374쪽 >

인문학 독서가 새로운 아이디어의 원천이기에 고전 독
서를 해야만 하는 것은 아니다. 인문학 독서는 그 이상이
다. 당신이 인문학 독서에 빠져야 하는 이유 중에 가장
근본은 인문학 독서가 인간답게 살아가는 방법과 왜 그
렇게 살아야 하는 지에 대한 이유와 삶의 목적을 찾을 수
있게 해 주고, 삶의 의미와 가치를 모두 알 수 있게 해 주
기 때문이다.

' 당나귀는 여행에서 돌아와도 여전히 당나귀일 뿐 말
이 될 수 없지만, 인간은 인문학 독서를 할수록 더욱더
인간이 되어 간다.'

필자는 이 말을 좋아한다. 그래서 다른 책에서도 한 번
이 말을 한 적이 있다. 이 말은 한마디로 왜 우리가 인문
학 독서를 해야 하는지에 대해 잘 말해 주고 있다.

이 말은 필자가 직접 만든 말이다. 이 한마디에 우리가

인문학 독서를 할 때 얻을 수 있는 많은 유익함을 단적으로 표현한 말이라고 필자는 생각하기 때문에 너무 좋아한다.

즉 인간은 인문학 독서를 하지 않으면 점점 더 인간으로부터 멀어져 가게 되고, 반대로 인문학 독서를 하게 되면 점점 더 인간다운 삶에 가까워진다. 좀 더 구체적으로 표현하면, 인문학 독서를 제대로 할수록 가치 있는 인생, 의미 있는 인생을 살아 갈 수 있게 된다는 말이다.

그런 점에서 인문학 독서가 인생을 좌우하는 것이다.

돈이나 성공이나 명예가 우리의 인생을 좌우하는 것은 아니다. 돈이나 성공이나 명예는 결국 우리가 어떻게 살아왔는가에 대한 부산물일 뿐이다. 인문학 독서는 우리가 어떻게 살아갈 것인가를 가르쳐 주고 스스로 깨닫게 해 준다. 그런 점에서 인문학 도서는 우리의 인생을 모습과 결과까지 결정짓게 해 주는 것이라고 말할 수 있다.

20대인 당신이 인문학 독서를 해야 하는 이유 중에 또 다른 하나는 당신의 생각을 제대로 혁명할 수 있는 유일

한 책들이 대부분 인문학 책들이라는 것이다. 물론 자기
계발서도 어떤 점에서는 생각을 바꿀 수 있게 도와주는
것이 사실이다. 하지만 자기계발서는 생각을 깊고 넓게
해 주는 원료를 제공해 주지 않고, 이미 다 만들어 놓은
음식을 그저 먹고 섭취하게 해 주는 것에 가깝다.

그래서 빨리 먹고, 빨리 영향을 보충하여 빨리 행동할
수 있게 해 주고, 빨리 성과를 볼 수 있게 해 준다. 그런
점에서 자기계발서는 영양제와 같은 것이다. 꼭 필요한
영양분만 뽑아서 한 개의 알약으로 만들어 제공하기 때
문이다.

반면에 인문학 책들은 천연 식품이다. 시간은 많이 걸리
지만 두고두고 영향을 발휘해 준다. 다르게 말하면 기초
체력과 같은 것이 인문학 독서이고, 자기 계발 독서는 올
림픽에 출전하는 선수들이 그 분야의 기술을 익히는 것
과 같은 것이라고 할 수 있다.

인생을 건강하게 살기 위해서는 기초체력이 필요한 것
처럼, 인생을 제대로 잘 살아가기 위해서는 인문학 독서
가 반드시 필요하다고 필자는 생각한다. 그리고 그뿐만

아니라 위대한 인물이 되기 위해서도 반드시 인문학 공부가 필요하다.

" 세계적인 명성을 얻고 있는 석학들 중에는 역사나 철학(인문학)을 외면하고 자신의 연구 분야에만 매달리는 사람들은 별로 없다."

미네소타 대학 의대 교수이자 한국과학기술원 외부협력 교수인 김대식 교수가 쓴 책 [공부혁명]이란 책에서 그가 한 말이다. 이 말은 우리가 왜 인문학 공부를 해야 하는 지에 대한 이유를 분명하게 말해 주는 말이다.

" 인문학 없이는 나도 컴퓨터도 있을 수 없다."

빌 게이츠가 한 말인 이 말을 토대로 볼 때 지금의 빌 게이츠 만든 것은 어쩌면 인문학과 기술이라고 할 수 있다. 빌 게이츠 뿐만 아니라 발명왕 에디슨의 경우에도 인문학에 대한 공부와 독서가 그로 하여금 많은 발명을 해낼 수 있게 해 준 원동력이 되어 주었다는 사실을 알 아야 한다.

" 토마스 에디슨이 정식교육을 받은 기간은 6개월밖에 되지 않는다. 그러나 그는 어머니의 지도 아래 아홉 살 때 이미 [로마제국의 쇠락]과 같은 세계 명작을 읽었고, 철로 위에서 신문팔이로 일하면서도 매일 도서관을 찾아 책꽂이에 꽂혀 있는 책을 모조리 다 읽었다. "

< 출처: 김달국, [29세까지 반드시 해야 할 일], 129쪽 >

에디슨은 [로마제국의 쇠락]과 같은 고전을 읽고 공부했던 것임을 알 수 있다. 놀랍지 않은가? 인문학과 전혀 관계없을 것 같은 발명과 컴퓨터 분야의 개발 대가들이 모두 인문학에 큰 영향을 받았던 인물이라는 것이다.

이 뿐만 아니다. 인문학과 전혀 관계없는 투자 분야에서도 인문학 공부를 한 사람들이 세계 최고의 투자자들이라는 점이다.

세계 금융 시장의 구루guru인 마크 파버(Marc Faber)는 다음과 같은 말을 한 적이 있다.

" 황무지에서 금맥을 캐내려면 돈의 흐름을 꿰뚫어 볼

수 있는 능력을 가져야 한다. 그러려면 무엇보다 먼저 철학, 역사, 지리를 공부해야 한다."

월스트리트 역사상 가장 성공한 펀드매니저이자 '월가의 영웅' 이라 불렸던 피터 린치는 자신의 저서를 통해 인문학 공부가 자신의 투자에 큰 도움을 주었음을 정확하게 밝힌바 있다.

" 지금 그 당시를 돌이켜보니 역사나 철학을 공부하는 것이 통계학 따위를 공부하는 것보다 주식시장에 대비한 준비 과정으로 훨씬 나았음이 명백해진다. 주식투자는 과학이 아니라 예술이며, 모든 것을 정밀하게 수량화시키도록 훈련된 사람들은 상당한 불리함을 갖고 출발한다고 말할 수 있다." < 피터 린치, [전설로 떠나는 월가의 영웅], 44쪽 >

인문학 공부를 한 투자자들이 훌륭한 투자자들이 되는 이유는 인문학 공부가 생각을 넓혀주고, 인간의 심리와 인간의 삶을 누구보다 깊게 통찰할 수 있게 해 주기 때문에, 남들이 보지 못하는 것들을 볼 수 있게 해 주는 통찰력을 길러 주기 때문이다.

역사를 버리면 미래도 없다_역사를 공부하라.

20대인 당신은 인생의 경험이 상대적으로 부족할 수밖에 없다. 그렇기 때문에 더욱 더 필요한 공부가 역사에 대한 공부이다. 역사를 공부하면 폭넓은 시야를 갖출 수 있게 되고, 수많은 간접 경험을 할 수 있게 된다. 인생 경험이 많은 40대, 50대, 60대, 70대, 80대도 마찬가지다.

오랜 세월을 통해 위대한 위인들의 특별한 삶을 통해 당신은 좀 더 넓은 인생을 살아 갈 수 있게 된다. 그리고 어떤 삶을 사는 것이 더 훌륭한 삶인지, 어떻게 생각하고 행동하며 살아야 할 것인지에 대한 의식을 배울 수 있게 된다.

특히 위대한 삶을 살다간 위인들의 삶을 알게 되면 그 사람들을 롤 모델로 삼아서 살아가게 되고 훌륭한 점을 보고 배워서 위인들의 삶을 자신도 살아갈 수 있게 된다.

세종대왕은 세계에서 가장 훌륭하고 과학적인 한글을 창제한 위대한 성군이다. 그가 집현전 학사들에게 했다던 당부의 말을 알고 있는가?

그 말을 아는 사람들과 모르는 사람들은 어떤 차이가 있을까?

" 우리 모두 목숨을 버릴 각오로 독서하고 공부하자. 조상을 위해, 부모를 위해, 후손을 위해 여기서 일하다가 같이 죽자."

세종대왕이 이토록 위대한 성군이 된 것은 저절로 된 것이 아님을 알 수 있는 대목이다. 그리고 치열한 공부에 대한 귀감으로 삼아 공부에 전념할 수 있게 된다.

사마천이 궁형이라는 치욕스러운 형을 당하고도 스스로 자살하지 않고, 살아남아 [사기]라는 최고의 역사서를 집필한 역사적 사실을 공부한 사람은 살아가면서 어떤 시련이나 역경이 와도 쉽게 좌절하지 않고 포기하지 않을 수 있다.

역사는 지나가 버린 삶을 살았던 지나간 사람들의 이야기이며 기록이다. 기록이 없다면 그것은 사라지게 되고 남지 않게 된다. 그렇게 되면 우리가 역사를 통해서 배울 수 있는 너무나 값진 것들을 하나도 얻지 못하게 된다.

" 역사는 사라진 것에 대한 기록이다. 사라진다는 것은 무이고, 그것을 기록으로 남기는 역사란 무화되는 것을 막기 위해 그것에 의미를 부여하는 행위다. 스스로가 사라질 운명에 처해 있다는 것을 아는 인간은 어떤 방식으로든 자신의 삶에 의미를 부여하지 않으면 살 수 없는 존재다. 그 자신의 삶이 의미 있다는 확신을 갖기 위해서는 먼저 그 이전에 살았던 사람들의 삶이 의미 있었음을 입증해야 했고, 이런 필요가 역사라는 서사를 만들어냈다."

< 김기봉 외, [고전의 향연] 179쪽에서 >

인간은 바로 자신의 삶에 의미를 부여하지 않는 다면 제대로 살아갈 수 없는 존재이다. 그렇기 때문에 역사를 기록해야 하고 역사를 공부해야 한다.

에드워드 H. 카(E.H. CARR)의 [역사란 무엇인가]를 읽어보면 역사란 무엇인가에 대해 너무나 잘 알 수 있다. 그는 역사란 무엇인가란 질문에 ' 현재와 과거와의 끊임없는 대화' 라는 현답을 남겼다.

' 역사란, 역사가와 사실들의 부단한 상호작용의 과

정이며, 현재와 과거와의 끊임없는 대화이다.'

역사를 공부하는 당신이 반드시 명심해야 할 한 가지 사실은 역사는 모두 역사가의 주관과 해석, 평가와 의견이 포함되어 있다는 점이다. 역사가 현재와 과거와의 끊임없는 대화라고 볼 때, 대화를 하는 두 사람은 한 명은 과거 역사적인 인물과 사건이고, 또 다른 대화 상대는 바로 역사가라고 할 수 있다.

문제는 역사는 반드시 부단한 상호 작용을 통해 일관성을 유지해야 하며 물이 흘러가고 이어지듯 이어져야 한다는 것이다. 그러한 흐름 속에서 우리가 살아가는 존재라는 사실을 인식할 때 역사를 공부해야 하는 이유가 더욱 더 명확해 질 수 있다.

역사를 공부해야 하는 이유 중에 하나는 우리는 모두 그 흐름, 그 사회를 떠나 개인으로 존재할 수 없는 사회적 동물이기 때문이다. 사회적 동물이기에 그 사회의 모습과 구조와 원리와 흐름을 이해해야 하고, 그것을 잘하는 사람이 사회적 생활을 더욱 더 잘 할 수 있는 것은 당연한 일인 것이다.

스마트의 총체, 과학기술을 공부하라.

아이패드가 이 세상에 처음으로 공개적으로 소개될 때,
애플의 스티브 잡스는 직접 환상적인 프레젠테이션을 했
다. 그는 자신의 트레이드마크이기도 한 청바지와 검은
색 옷을 입고 애플과 아이패드에 대해 설명했다. 그런데
그의 모습 뒤로 묘한 의미의 사진이 하나 비쳤다.

그것은 우리가 길거리에서 흔하게 볼 수 있는 교
차로 안내판이었다. 그런데 그 안내판에 쓰인 두 개
의 도로 이름이 놀랍게도 기술과 인문학을 의미하는,
TECHNOLOGY와 LIBERAL ARTS 였다.

" 인문학과 기술의 교차로입니다. 애플은 언제나 이 둘

이 만나는 지점에 존재해 왔지요. 우리가 아이패드를 만든 것은 애플이 항상 기술과 인문학의 갈림길에서 고민해 왔기 때문입니다. 그동안 사람들은 기술을 따라잡으려 애썼지만, 사실은 반대로 기술이 사람을 찾아와야 합니다."

많은 사람이 인문학을 강조하면서 인문학이 마치 마법이라도 된 것처럼 생각하는 경향이 있지만, 사실은 인문학만큼 중요한 것이 바로 정보와 기술, 즉 과학기술이다.

세상을 바꾼 것은 한 마디로 '과학 기술'이라고 할 수 있다. 과학 기술이 발달하지 않았다면 비행기도, 우주선도, 휴대폰도, 컴퓨터도, 인터넷도, 심지어 하다못해 디지털 TV도 존재 하지 않는 세상에서 살아야 했을 것이다.

인류 역사를 바꾼 101가지 발명품 중에서 대부분이 과학 기술의 힘에 의해 발명된 것임을 알아야 한다. 책, 트랜지스터, 망원경, 냉장고, 전화, 라디오, 로봇, TV, 휴대전화, 인터넷, PC, 아이팟 등은 인류 역사를 바꾼 발명품 중에 속한다.

발견과 발명으로써 세상과 역사를 바꾼 사람들은 모두 과학 기술을 공부했고, 연구했던 사람들이다.

세종대왕, 장영실, 에디슨, 빌 게이츠, 스티브 잡스, 아이작 뉴턴, 갈릴레오 갈릴레이, 마이클 패러데이, 마리 퀴리, 찰스 다윈, 닐스 보어, 루이 파스퇴르 등을 기억해 보면 쉽게 알 수 있다.

인문학만 강조하여 인문 고전만 읽고 과학 기술에 대한 공부를 하지 않는 것은 큰 문제이다. 다양한 분야의 공부를 넓게 해야 하는 것은 결국 깊게 공부해 나가기 위해서이다.

깊게 가기 위해서는 먼저 시작은 넓게 해야 하기 때문이다.

인간의 조직과 경영을 공부하라.

 20대인 당신이 앞으로 멋진 인생을 살기 위해서는 반드시 경영을 배워야 한다. 경영은 과거에는 회사의 CEO들이나 비즈니스맨들의 전유물이었다. 하지만 이제는 누구나 자기 자신을 경영해야 하고, 나아가서 조직을 경영해야 한다.

 많든 적든 작은 모임이나 팀에서 팀을 경영해야 할 기회가 과거보다는 많아졌다. 20대 청춘들은 앞으로 살아가면서 최소한 수십 번 이상은 작은 경영자가 되어야 하고, 때로는 큰 조직의 최고 책임자가 되어야 하기도 한다.

 이 때 경영학에 대한 인식과 공부가 부족하다면 가장 큰 낭패를 보게 된다. 필자의 경우가 이 경우가 아닐까? 라고 생각해 본다.

 혼자서 그저 주어진 일이나 과제를 누구보다 잘(?) 최선을 다해서 완수하는 성격이었다. 그래서 누구보다 열심히 일을 했고, 그 결과 좋은 성과를 얻기도 했다. 하지만 이것은 어디까지나 직장 3년 차까지이다. 3년 차가

지나 5년 차가 되고, 10년 차가 되면, 갈수록 해야 할 일의 성격이 개인에서 팀으로 바뀐다. 이것뿐만이 아니다. 자꾸 누군가를 관리해야 하고 팀을 경영해야 한다.

한 마디로 관리자가 되어야 한다. 그런데 이 때 경영과 조직에 대해서 공부를 해 놓지 않은 사람의 경우에는 우왕좌왕하게 된다. 아는 것이 힘이기 때문이다. 공부를 안 한 사람은 절대로 제대로 할 수 없다.

그래서 20대인 당신이 미리 미리 경영에 대한 공부를 해야 할 필요가 있다는 것이다. 뿐만 아니라 이제는 자기 자신을 경영해야 하는 시대이다. 그렇기 때문에 경영에 대해 원리를 알고 효과적인 방법을 아는 것은 이제 경영자들이나 비즈니스맨들에게만 필요한 것은 아닌 것이다.

" 경영은 비즈니스맨들의 전유물이 아니다. 이제 자기를 경영하는 시대가 온다. 나를 관리하는 것은 오직 나 자신뿐, 자신만의 포트폴리오를 설계하라."

[코끼리와 벼룩]이란 명저를 쓴 영국의 대표적인 경영사상가(Business Thinker) 찰스 핸디의

이 말은 왜 20대인 당신이 이제부터 반드시 경영학을 공부해야 하는 지에 대한 명확한 답변이 될 것이다.

필자가 20대인 당신에게 경영학에 대한 공부를 추천하는 이유 중에 하나는 기업가 정신을 고취시켜 주고 싶기 때문이기도 하다. 기업가 정신과 경영 혁신에 대한 피터 드러커의 탁월한 혜안이 담긴 그의 말을 한번 살펴보는 것도 나쁘지 않을 것 같다.

" 기업가들은 경영혁신을 실천한다. 경영혁신이란 기업가정신을 발휘하기 위한 구체적인 수단이다. 경영혁신은 기존의 자원(resources)이 부(富)를 창출하도록 새로운 능력을 부여하는 활동이다. 정말이지, 혁신 그 자체가 새로운 자원을 창출한다. 인간이 어떤 자연 그대로의 것에 대해 새로운 용도를 찾아내고는 그것에 경제적 가치를 부여하기 전까지는 '자원'이라고 말할 만한 것은 아예 존재하지 않는다. 그때까지 모든 식물은 잡초이고, 모든 광석은 단지 하나의 돌덩어리일 뿐이다. 한 세기 전까지만 해도 땅에서 스며 나오는 원유도, 보크사이트도, 알루미늄 원광도 자원이 아니었다. 그것들은 귀찮은 존재로서 둘 다 토양을 망치기만 했다. 페니실린 곰팡이도 한때는 자원이 아니라 병균일 뿐이었다. 세균학자들은 박테리아를 배양하는 과정에서 병균에 감염되지 않도록 온갖 주의를 기울였다. 그 후 1920년대 런던의 의사였던 알렉산더 플레밍은 이 '병균'이야말로 세균학자들이 찾던 바로 그 박테리아를 죽이는 물질임을 확인했다. 그렇게 되자 페니실린 곰팡이는 가치 있는 자원이 되었던 것이다."

< 피터 드러커, [기업가 정신] , 47쪽 >

이것이 바로 기업가 정신을 발휘한 수단이기도 한 경영 혁신 사례인 것이다. 당신의 인생도 이와 다르지 않다. 당신에게는 지금 자원과 같은 그런 아직 다듬어지지 않고, 가치가 부여되지 않은 원석과 같은 소질과 재능들이 있다. 경영은 바로 그러한 자원에 뭔가를 추가하고 찾아내고 발견하고 개발하여 당신 자신을 가치 있는 존재로 만들어 나가는 것이다.

그렇게 하기 위해서 당신에게 필요한 것은 바로 경영학에 대한 소양과 공부인 것이다. 그리고 피터 드러커는 무엇보다도 그렇게 하기 위해서는 자신의 강점에 집중해야 한다는 사실에 대해 강조하기도 했다.

" 자신이 할 수 있는 것이 아니라, 자신이 할 수 없는 것에만 신경을 쓰는 사람, 그리고 그 결과 강점을 활용하기보다는 약점을 줄이려는 사람은 그 자신이 약한 인간의 표본이다. 아마도 그는 다른 사람들의 강점을 파악하고는 위협을 느끼고 있을 것이다."

그가 수많은 이들에게 조언해 준 것들 중에 하나는 약점을 개선하는 데 너무 많은 시간을 소모하는 것을 경계하라는 말이다. 무능한 분야에서 평균 정도의 수준으로 올라가는 데 걸리는 에너지와 노력이 너무 엄청나게 많다는 것을 그는 알기 때문이다. 그 시간과 노력과 에너지를 자신이 잘하는 분야를 찾아서 투자할 때 그것들은 훨씬 더 적게 들뿐만 아니라, 훨씬 더 빨리, 훨씬 더 높은 수준으로 쉽게 도약할 수 있게 된다는 것이다.

경영이란 바로 이런 것이다. 최소 비용으로 최대 이익을 올리는 방법을 알고 그것을 실천하는 것이다. 인생에서도, 조직에서도 경영이 필요한 이유가 바로 이런 것이 아닐까?

경영학에 대한 공부가 누구에게나 필요하다고 생각하는

이유 중에 하나는 우리가 늘 하던 대로 그대로 행동하게 되면 언제나 늘 얻던 것 이상의 것을 얻지 못 하게 되기 때문이다. 항상 어제의 방식을 개선하고, 혁신하고자 하는 의식과 마인드를 함양할 필요가 있고, 그것을 실천해야 할 필요가 있다.

" 만일 당신이 언제나 늘 하던 그대로 행동한다면, 당신은 언제나 늘 얻던 것을 얻게 될 것이다. "

라고 말했던 에이브러햄 링컨의 말대로, 당신은 앞으로 살면서 항상 부단히 어제와 다른 방식을 찾기 위해 끊임없이 노력해야 한다. 그렇게 할 때 인생은 점점 더 나아지게 되고, 향상되게 되기 때문이다. 그리고 이러한 것들을 가장 잘 할 수 있게 도와주는 것이 바로 경영 마인드라고 생각하기 때문에 경영학에 대한 소양과 공부는 인문학에 대한 소양과 공부만큼 절대적으로 필요하다고 생각한다.

피터 드러커가 자신의 저서를 통해 경영의 필요성에 대해 언급한 부분을 살펴봄으로써 경영학에 대한 공부의 첫 시작을 해 보는 것은 어떨까? 그가 남긴 수많은 책들 중에서도 필자가 생각하기에 핵심적인 책 중에 하나라고 생각하는 [경영의 바이블]이란 책에 나오는 한 대목이다.

" 경영은 서구 문화가 존재하는 한 기본적이고 지배적인 제도로 존속될 것이다. 경영은 현대 산업시스템의 본질과 현대 기업의 니즈(needs)에 그 뿌리를 두고 있다. 산업시스템은 인적자원과 원자재 같은 생산재를 현대 기업에 맡겨 놓아야 한다.

경영은 현대 서구 사회의 기본적인 믿음을 나타낸다. 경제 자원을 체계적으로 조직화함으로써 인간의 생계를 통제할 수 있다는 믿음을 나타낸다는 의미이다. 이는 또한 경제적 변화가 인간 생활을 향상시키고 사회적 정의를 실현하는 가장 강력한 엔진이 될 수 있다는 믿음을 나타내는 것이기도 하다. 300년 전 조나단 스위프트가 '하나의 풀잎만 자라던 자리에서 풀잎2개가 자라도록 하는 사람은 이론으로 무장된 철학자나 형이상학적인 제도를 만드는 사람보다 인간에게 더욱 유익하다.' 고 과장되게 말한 것처럼 말이다.

자원을 생산적으로 만들고, 조직화된 경제적 진보를 위한 책임으로 채워진 사회의 한 부문으로서 경영은 현대 사회의 기본 정신을 반영한다. 사실 경영은 필요불가

결하기 때문에 거의 저항이 없이 빠른 속도로 성장할 수 있는 것이다. " < 피터 드러커, [경영의 바이블], 17 ~18쪽 >

 그의 말처럼 경영은 필요불가결한 것이다. 그리고 이 말은 조직뿐만 아니라 개인에게도 유효하다고 생각한다.

경제의 본질, 부의 원리를 공부하라.

살아온 날들보다 살아갈 날들이 다섯 배 이상이나 되는 20대들은 부에 대해서 제대로 이해해야 한다. 그 이유는 20대 당신은 지금 자본주의 사회에서 살아가고 있고 살아가야 하기 때문이다.

냉혹하게 들릴지는 모르겠지만 돈은 인생에서 반드시 필요하다. 그렇기 때문에 돈을 어느 정도 가지고 있지 못하면 당신은 하고 싶은 하면서 살지 못 하게 된다. 최소한 필요한 돈은 당신이 하고 싶은 것을 마음껏 하면서 살 수 있을 만큼의 돈이다.

그 돈을 벌기 위해서는 무조건 열심히 일 하는 것만으로는 부족하다. 돈의 원리, 부의 원리를 알아야 한다.

필자가 20대 당신에게 해 주고 싶은 부의 원리는 그것이 바로 이 세상의 이치와 전혀 다르지 않다는 것이다.

사마천이 자신의 저서인 [사기] (화식열전)에서 돈과 관련하여 다음과 같이 말한 적이 있다.

" 보통 사람들은 다른 사람이 자신보다 10배 더 부유하면 욕하고 비난한다. 하지만 자신보다 100배 더 부유하면 두려워서 도망간다. 그리고 자신보다 1000배 더 부유하면 다시 와서 그의 일을 해 준다. 그리고 자신보다 10000배 더 부유하면 기꺼이 그의 종이 된다. 이것이 사물의 이치이다.   < 사마천, [사기] (화식열전) >

당신은 돈 많은 부자들을 욕하고 비난할지 모른다. 하지만 엄청난 부자들은 당신과 전혀 다른 세상에서 살아가고 있다. 당신에게 필요한 것은 그들을 비난하는 것이 아니라 그들처럼 돈이 많은 사람이 되는 것인지도 모른다.

부자가 되는 것에 관심이 없다고 말하지 말라. 부자가 되는 것은 자본주의 사회에서 사회의 골칫거리인 가난과 빈민이라는 문제를 하나 더 해결한 해결자가 되는 것인지도 모른다.

" 부자들은 점점 더 부유해지고 있다. 당신은 어떠한가? 최근 뚜렷한 사회 현상 중 하나는 중산층이 사라지고 있다는 것이다. 그리고 이러한 중산층의 감소는 국가의

안정은 물론 민주주의 자체를 위협하고 있다. 그래서 우리는 당신이 부자가 되어, 우리 사회의 문제가 되기보다는 해결책이 되었으면 한다."   < 로버트 기요사키, 도널드 트럼프, [기요사키와 트럼프의 부자], 11쪽 >

로버트 기요사키와 도널드 트럼프가 자신의 저서인 [기요사키와 트럼프의 부자]를 통해 한 말이다.

그렇다면 어떻게 해야 부자가 되는 것일까? 당신이 해야 할 공부는 부의 원리, 부를 축적하는 방법, 그리고 그것을 유지하는 방법에 대한 공부도 어느 정도 필요할 것이다.

근대 경제학의 창시자인 애덤 스미스는 자신의 저작 [국부론]에서 부의 원천은 노동에 있고, 부의 증진은 노동생산력의 개선에 있다고 설파했다. 하지만 이 말은 이제 완전히 틀린 말이다. 노동을 통해 부를 창출한 부자들은 거의 찾아보기 힘들 정도로 이 세상에서 사라졌다. 부자들은 모두 자신의 분야에서 열심히 일을 해서 부자가 된 것이 아니라 자신의 인생에서 열심히 생각을 해서 부자가 된 것이다.

세상을 놀라게 하는 아이디어가 있다면 당신은 지금 당장 부자가 될 수 있는 시대가 바로 당신이 살아가고 있는 이 시대이다.

노동이 부의 원천에서, 지식으로 전환되었고, 지식과 정보가 부의 원천이었다가, 이제는 생각, 아이디어, 감성, 컨셉, 콘텐츠 등이 부의 원천이다.

바로 이것이 부의 원천이다. 그리고 이제는 물질적인 생산보다 보이지 않는 경험이 더 큰 부의 원천이 되고, 부의 흐름의 시발점이 된다는 사실도 알아야 한다.

부의 본질은 무엇일까? 여기 놀라운 주장을 하는 이들이 있다. 살펴보자.

" 모든 '부' 는 본질을 어디에 두든지 마음가짐에서부터 시작된다. 마음가짐이란 사람이 완전히 통제할 수 있는 유일한 대상이라는 점을 유념하도록 하자. 조물주가 사람에게 생각하는 능력과 그것을 어떤 형태로 드러내는 특권을 부여한 것 외에 다른 컨트롤 능력을 허락하지 않았다는 사실은 매우 의미심장하다.

마음가짐은 전자석電磁石과 같아서 한 사람을 지배하고 있는 생각이나 목표, 의도의 결실을 끌어당긴다. 예를 들어 공포와 불안, 의심이 마음을 지배하고 있다면 그 결과를 끌어당긴다. "   < 나폴레온 힐, [생각하라! 그러면 부자가 되리라(Think and Grow Rich)], 22 ~ 23쪽 >

" '부유한 사고를 하는 사람들'은 그들의 현재 은행 잔고와 상관없이 부자가 된다. 항상 가능성을 모색하고 그들만의 방식으로 인생을 살아가기 때문이다. 비록 그들에게 일시적으로 현찰이 부족하더라도 그런 상황은 오래가지 않는다. 그들은 어떻게든 인생에서 진정 원하는 일을 찾아내는 듯하다.

반면 ' 가난한 사고를 하는 사람들'은 큰 집에 살고 비싼 옷을 입을지 몰라도 머릿속은 항상 미래에 대한 두려움과 주변 사람들에 대한 불신으로 가득하다. 그들은 자신의 돈이 모두 사라져도 괜찮다는 것을 모르기 때문에 갖고 있는 것을 지키거나 더 많이 빼앗기 위해 끊임없이 노력할 수밖에 없다. "   < 폴 매케나, [온!리치], 25 ~26쪽 >

부에 대한 관점 중에서 당신이 반드시 알아야 하는 관점
은 물질이 아니라 생각이 부의 원천이라는 점이다. 그리
고 그 생각을 결정하는 것은 당신의 진짜 공부의 성과이
다.

역사만큼 미래도 중요하다_미래학을 공부하라.

왜 미래학에 관심을 가지고 미래학을 공부해야 하는 것일까?

" 미래를 모르고 살아가는 것은 마치 어둠 속에서 방향감각을 잃고 절뚝거리며 걸어가는 것과 같다."

윌리엄 할랄 조지 워싱턴 대학 교수의 이 말처럼 미래를 아는 만큼 제대로 대처하고 제대로 방향을 잡고 나갈 수 있기 때문이다. 하지만 미래학을 제대로 공부한 사람은 한국에 없다고 말 할 수 있다.

앨빈 토플러나 다니엘 핑크나 자크 아탈리와 같은 세계적으로 인정받는 미래학자가 아직 한국에는 없을 뿐만 아니라 제대로 미래학을 공부한 석학들이 없기 때문이다.

그래서 20대인 당신이 한국의 앨빈 토플러가 되어야 한다. 최소한 미래학에 관심을 가지고 미래학을 꾸준히 공부해 나간다면 한국 사회에서 가장 필요로 하는 인재가

117

될 공산이 크다는 점에서 필자는 미래학을 공부하라고 권장해 주고 싶다.

미래를 예측하고 미래학을 공부한다는 것은 과연 어떤 것일까? 솔직히 한국에는 아직도 미래학과라는 학과가 사실상 없다고 해도 과언이 아닐 만큼 찾아보기 힘들다.

" 미래는 예측하는 것이 아니고 상상하는 것이다. 따라서 미래를 지배하는 힘은 읽고,
　생각하고, 정보를 전달하는 능력에 좌우된다."

　세계적인 미래학자로 평가받고 인정받고 있는 앨빈 토플러는 미래학을 공부하는 방법은 결국 읽고, 생각하고, 소통하는 능력을 기르는 것이라고 말했다. 그는 최근 저작을 통해 누구를 위한 미래인가에 대해 다음과 같이 언급을 한 적이 있다.

" 그런데 누구를 위한 미래란 말인가?
　컴퓨터와 인공위성과 영상통신의 시대, 익숙한 산업들이 몰락하는 대신 낯선 산업들이 부상하고, 이웃들과 기업들과 가족의 생활 모두가 변하고 있는 지금의 세상에

서 우리에게 고통스러운 정치적 질문들이 던져지고 있다.

모든 문명은 계층과 성별, 인종, 심지어 지역 사이에서 권력을 배분하는 그 문명만의 특성을 갖고 있다. 산업문명이 역사의 뒤안길로 저물어가고 있는 상황에서 새로이 부상하는 문명은 단지 인종, 민족, 국적, 종교 같은 것들이 다르다는 이유로 그동안 차별과 핍박과 억압을 받아온 수백만, 아니 수십억 명에게도 권력을 나눠줄 수 있을지 의문을 제기하는 사람들이 많다. 가난하고 힘없는 사람들은 지금까지 그래왔던 것처럼 다가오는 미래를 그저 깨지지 않는 유리창 너머에서 방관하게 될까? 아니면 우리가 만들어나가고 있는 새로운 문명에서 환영받는 사람들이 될까?

어려운 질문이다. 그리고 가장 위험한 질문일 것이다. " < 앨빈 토플러, [누구를 위한 미래인가], 197 ~ 198쪽 >

미래학이란 그렇다면 무엇인가?

앨빈 토플러는 같은 책을 통해 미래학에 대해 이렇게 언급하기도 했다.

' 결국 미래학이라는 것도 역사 편찬과 마찬가지로 어느 정도의 주관성이 개입되는 것은 피할 수 없는 일입니다. 미래학은 공학과 같은 것이 아니라 일종의 예술입니다. 따라서 저는 제 입장을 이렇게 정리할 수 있겠습니다. ' 과학의 도움을 받아 예술을 한다' 고 말입니다. "

< 엘빈 토플러, [누구를 위한 미래인가], 306쪽 >

미래학자들에 대해서 엘빈 토플러는 외삽법을 지극히 단순하게 이용하는 데 그치는 미래학자들은 현재 상황을 분석한 다음, 현재까지의 과정과 현재 시점에서 존재하는 것들이 거의 똑같이 미래에도 이어질 거라고 가정하에서 외삽법을 적용하기 때문에 상상력이 결여되어 있는 너무나 취약한 방법을 취하고 있다고 말하기도 했다.

20대인 당신은 한국 사회에 별로 없는 미래학자가 되어 볼 필요도 있다. 또 아는가? 당신이 혼자서 책을 보면서 연구하고 분석하여 미래학 책을 한 권 출간 했는데 그것이 전 세계 석학들이 열광하게 되는 그런 책이 될지 말이다. 누구나 가능성은 있다. 문제는 실천이다.

무엇보다 20대인 당신은 '100세 시대(Homo

Hundred)'로 상징되는 21세기를 오롯이 살아가야 한다. 2000년에 60억 명이었던 세계 인구는 지금 70억 명이 되어 가고 있고, 지난 10년 동안 지구온난화로 우리나라 바다는 7cm 이상 상승했다.

2008년 미국발 금융위기가 발생하여 세계경제의 생태계가 완전히 파괴되고 새로운 생태계인 G2가 2010년 탄생했다. 2011년에는 후쿠시마 원전 사고가 발생하여 세계를 경악시켰다.

미래학은 세계가 너무 급변하고 있기에 더욱 더 필요해지고 있는 학문이다. 하지만 미래를 정확히 예측한다는 것은 불가능한 일이다. 다만 다양한 대안을 제시하여 미래를 좀 더 우리가 원하는 방향으로 이끌어 가고자 하는 것이 바로 미래학자들의 목표일 것이다.

하지만 누구나 미래에 대해서는 관심을 가져야 하고, 미래학에 대한 인식과 공부가 있는 사람은 없는 사람보다 훨씬 더 우위를 선점할 수 있을 것이라고 필자는 생각한다.

[2030년, 미래 전략을 말한다]라는 책에 보면, 미래학자인 제임스 데이터 교수의 말을 토대로 하여 왜 미래학을 공부해야 하는 지에 대해 잘 설명해 놓은 대목이 나온다.

" 많은 미래학자는 기술혁명이 미래 사회를 변동시키는 원동력이라고 말합니다. 미래는 정확히 예측할 수 없지만 미래를 변화시키는 것이 과학기술이라는 것에는 대부분 동의합니다. 데이터 교수는 " 사회의 거대한 변화는 과학기술 때문에 발생하며 이 '변화의 쓰나미에 올라타기(Surfing th Tsunami)' 위해 반드시 미래학을 공부해야 한다. " 고 말합니다. 그러면서 과거에 수백 년 걸리던 농업기술 변화가 2000년에는 1년 만에 일어나고 2025년에는 2 ~ 3일 만에 일어날 것이라고 합니다. 누구든지 변화의 쓰나미에 올라타지 않으면 쓰나미에 휩쓸려가고 만다는 것입니다."   < 임춘택 외, [2030년, 미래전략을 말한다], 115쪽 >

21세기를 살아가야 할 20대인 당신은 변화의 물결을 올라타지 않으면 그 물결에 휩쓸러 가게 된다. 그러므로 미래학을 공부하지 않으면 안 된다는 결론에 도달할 수 있다.

 미래학을 공부해야 하는 이유는 개인적인 문제보다도
국가적인 생존의 문제로 대두되고 있다. 특히 한국처럼
미래학을 공부하는 사람이 거의 없는 실정에 가장 시급
한 문제일 수 있다.
이러한 사실에 대해 짐 데이토 하와이 주립대 미래학 교
수는 다음과 같이 경고한다.

 " 가장 시급한 것은 한국의 미래를 분석하고 예측할 수
있는 국가 부서를 만들어 전문성을 키워야 한다. 스스로
미래를 보는 시각을 키우고, 그 예측을 바탕으로 방향을
결정하고 그 방향에 따라 전략을 수립해야 한다.
 전략을 실행하기 위해 장기적인 안목을 가지고 사회의
가치와 비전을 정책화 할 수 있는 미래 전문가들이 정부
조직 곳곳에 자리해야 한다. " < 신지은 외 [세계적 미
래학자 10인이 말하는 미래 혁명], 164쪽 >

 미래학 공부가 필요한 것은 20대인 당신뿐만이 아니다.
국가적 차원에서도 반드시 필요하다. 미래는 정해져 있
는 것이 아니라 가능성이다. 그런데 미래에 강자가 되고,

강대국이 될 수 있는 사람은 미래를 가장 잘 아는 자일 것이다. 이것이 당신이 미래학을 무시해서는 안 될 이유이다.

짐 데이토 교수는 미래는 문화와 꿈을 생산하는 드림 소사이어티의 시대가 될 것이라고 말한다. 그래서 그 때는 전형적이고 표준적인 것보다는 괴짜, 엉뚱한 것들이 더 필요하고, 정해진 틀 속에서 기준에 부합하는 것보다 창조와 감성, 문화가 필요한 시대라고 주장한다.

20대인 당신은 이러한 사회의 변화를 미리 예측하고, 창조적인 괴짜가 되어야 한다. 미래가 필요로 하는 인재는 스티브 잡스와 같은 그런 해적이고, 괴짜이고, 이단아였던 것이다. 스티브 잡스는 이미 미래를 내다보고 있었던 것 같다.

당신이 스티브 잡스와 같은 인재가 되기 위해서는 반드시 미래를 먼저 내다보고 좀 더 앞서나가야 한다. 미래학을 공부하라. 최소한 미래학자들의 저서들을 누구보다 빨리 읽고 정리하는 것이 필요하다.

미래학자들이라고 해서 그들의 예측이 모두 똑같은 것은 절대 아니다. 다양한 그들의 예측을 정리하고 나열한 후 당신의 생각에 가장 그럴듯해 보이는 예측을 하나 선택한 후 그 예측을 자신만의 생각과 공부로 변형시켜 나가 보라. 훌륭한 미래학 공부가 되고 남을 것이다.

평범한 사람에게도 뇌 과학이 필요하다.

무엇보다 미래를 누구보다 더 많이 살아가야 할 20대 청춘들은 뇌과학을 반드시 공부해야 할 것 같다.

그 이유는 한 가지다. 인생을 바꾸고 싶다면 무엇보다 뇌를 알아야 하고, 뇌를 바꾸어야 한다는 생각을 나름대로 가지고 있는 사람 중에 한 명이기 때문이다.

'뇌를 지배하는 사람이 세상을 지배한다.'

뇌를 많이 이해해야 뇌를 지배할 수 있고, 뇌를 지배하는 사람이 또한 세상을 지배할 수 있다고 생각하기 때문이다.

무엇보다 뇌 분야는 아직도 미개척 분야 중에 가장 큰 분야이면서, 아직도 밝혀진 것이 별로 없는 그런 분야라는 사실이 20대 청춘들에게 더 많이 필요한 분야라고 생각이 든다.

뇌를 잘 이해하면 인생을 좀 더 잘 살 수 있고, 공부도 더 쉽게 잘 할 수 있고, 사회적 성공도 더 잘 할 수 있고, 더 건강하게 더 행복하게 살 수 있다고 생각하기 때문이다.

당신이 뇌에 집중해야 하고 주목해야 하는 이유는 인간이 인간일 수 있도록 만들어 준 것이 바로 뇌이기 때문이다.

" 인간은 다른 동물들과 달리 자신을 변화시킬 수 있는 능력을 지니고 있다.

전두엽을 통해 본능을 뛰어넘는 삶을 살 수 있는 것이다. 인간은 지구상의 다른 어떤 종보다도 진화되고 발달된 전두엽(frontal lobe)을 가지고 있다. 그래서 선택과 의지, 완전 자각이라는 엄청난 잠재력을 가지게 되었다. 한마디로 인간은 전두엽이 있기 때문에 실수를 통해 배우며 더 나은 인생을 살 수 있다. "

< 조 디스펜자, [꿈을 이룬 사람들의 뇌], 19 ~ 20쪽 >

결국 인간은 인간의 뇌를 가지고 있기 때문에 배우고 공

부하고 그 결과 인류의 문명을 발전시켜 올 수 있었고, 첨단 기계를 만들 수 있고, 네트워크를 만들어 지구를 하나로 연결할 수 있었다는 것이다.

영국 임페리얼 칼리지 런던(Imperial College London)대 연구팀은 '세리브럴 코르텍스(Cerebral Cortex · 대뇌피질)'지 최신호를 통해 가라테 고수 12명과 체력이 좋은 초보자 12명의 펀치력을 비교하여 고수들이 맨손으로 벽돌을 격파할 수 있는 비결은 육체적인 힘에 있는 게 아니라 '뇌의 힘'에 있다는 연구결과를 발표한 적이 있다.

이처럼 신비한 뇌에 대해서 무지한 것보다 많이 알고 있는 사람들이 당연히 인생을 좀 더 잘 살 수 있게 된다는 것은 누구나 쉽게 예측할 수 있는 것이 아닐까?

습관의 중요성에 대해 모르는 사람은 이제 없을 것이다. 그런데 이 습관이 어떻게 해서 습관이 되고, 어떻게 해야 나쁜 습관을 고치고, 새로운 좋은 습관을 만들어 낼 수 있는 지에 대해 해답을 찾고 싶다면, 무엇보다 뇌를 공부해야 한다는 사실을 알아야 한다.

습관을 만드는 원동력이 뇌라고 하는 주장이 있기 때문이다. 모든 습관의 고리에는 이러한 뇌의 관여가 있다고 찰스 두히그는 자신의 최신작에서 다음과 같이 설명한다.

" MIT 연구진은 모든 습관에는 단순한 신경학적 고리가 있다는 것 알아냈다. 칩터 1에서 보았듯이 신호 -반복 행동- 보상 이란 세 부분으로 이루어지는 고리이다.

    습관을 정확하게 이해하기 위해서는 습관 고리의 각 부분들을 찾아내어야 한다. 특정한 행동에 대한 습관 고리를 찾아내야, 새로운 반복 행동으로 오래된 학습을 교체할 방법을 모색할 수 있기 때문이다. "   < 찰스 두히그, [습관의 힘] >

인간의 생각, 행동, 습관, 반응은 모두 뇌와 관련 있다. 심지어 살인범의 살인 행동도, 우울증도, 그것에 대한 예방과 치료도 모두 뇌와 연관 짓고 있는 경우가 많아지고 있다.

결론은 뇌과학에 대한 공부를 많이 해야 더 많은 것을 이해할 수 있고, 당신의 삶에 적용할 수 있다는 것이다.

뿐만 아니라 뇌를 잘 알아야 공부를 좀 더 잘, 효과적으로 할 수 있다는 사실에 대해서도 알게 되었다. 바로 이러한 배경에서 필자는 뇌과학에 대한 공부를 앞으로 더 큰 미래를 만들어 가야하고 살아가야 할 20대인 당신에게 꼭 권장하고 싶은 것이다.

여기에 한 가지를 더 덧붙이자면, 20대를 넘어 앞으로 30대, 40대가 될수록 공부를 지속해서 할 수 있는 용기를 주는 말을 하고 싶다.

많은 사람이 공부도 때가 있고, 머리가 굳어지면 할 수 없다고 말하지만, 그것은 인간의 뇌에 대해 잘 알지 못하는 무지에서 나온 발상임을 알아야 한다.

" 인류 역사의 오랜 기간 동안 중년은 대개 무시되었다. 탄생, 젊음, 노년, 죽음은 모두 나의 대우를 받아왔지만 중년은 무시되었을 뿐만 아니라, 심지어 별개의 실체로 여겨지지도 않았다. 물론 인류 역사의 대부분 기간 동안 중년이 무시된 것은 충분히 이해할 수 있는 것이다. 삶이 가혹하고 짧았으므로 중간에 할당할 시간이 없었던 것이다. 그리스 시대에 이르러서는 원숙함이 존경을 받앗다. 예컨대 그리스 시민들은 50세가 되어야 배심원이 될 수 있었다. 하지만 그리스 시대에 중년에 해당하는 연령은 현재 중년 연령의 근처에도 미치지 못한다. 무엇보다 그렇게 오래 사는 그리스인이 그다지 많지 않았다. 고대 그리스인의 평균 기대수명은 서른 살이었다. 더 오래 산 행운의 영혼들이라 해도, 인생의 높은 봉우리에 도달해 상쾌한 공기를 들이마시자마자 허겁지겁 노년의 골짜기로 하산했다고 보면 될 것이다.

물론 지금은 그 모두가 달라졌다. 1세기 전만 해도 약 47세였던 선진국의 평균 수명이 지금은 78세에 달하는 등 인간의 수명이 늘어남에 따라 우리에게는 더 이상 걸음마를 배우는 아이를 쫓아다니지도, 그렇다고 휠체어를 타고 복도를 굴러다니지도 않는 긴 폭의 시간이 생겼다. 그러한 전환과 함께 중년이 인정을 받았다. 중년에 관한 책들이 나왔고, 영화들이 만들어졌으며, 연구가 시작되었다.”

   < 바버라 스트로치, [가장 뛰어난 중년의 뇌] 서문 중에서 >

한 마디로 가장 중요한 결정은 중년의 뇌에게 맡기라고

바버라 스트로치는 주장한다. 그 이유는 판단력, 종합 능력, 어휘력, 직관, 통찰력은 중년일 때, 즉 중년일 때의 뇌가 단연 최고라고 생각하기 때문이다.

그러므로 우리가 뇌에 대해서 좀 더 많은 것을 알게 되면, '공부도 때가 있다. 공부도 어렸을 때 해야지 나이가 들면 못 한다' 라는 말들은 잘못된 말들이라는 사실을 알아야 한다.

심리학자가 아니어도, 심리학을 공부하라.

심리학을 왜 공부해야 할까? 당신은 심리학자가 되거나, 심리학 분야를 전공해서 먹고 살 것도 아니다. 그런데 왜 심리학을 공부해야 할까?

필자는 일단 심리학은 생각보다 재미가 있다고 말하고 싶다. 하지만 재미보다 더 중요한 사실은 당신이 앞으로 무엇을 하더라도 사회생활을 할 때 생각보다 훨씬 더 많은 도움을 받을 수 있는 학문 중에 하나가 심리학이라고 생각하기 때문이다.

사회, 자본주의, 인간관계, 성공, 부, 명예, 인기, 처세, 전략, 미래학 이 모든 것들이 어떻게 보면 인간의 심리와 행동을 토대로 하여 복잡하게 엮이고 섞여서 만들어 내는 것이라고 필자는 생각한다.

특히 사회생활을 앞으로 본격적으로 시작해야 할 당신은 기존에 학창 시절 때 만나고 알게 된 그런 순수한(?) 인간관계가 아닌 진짜 리얼한, 실리를 추구하게 되는 그런 전쟁터와 같은 끔찍한 인간관계를 맺어야 한다.

그리고 이것보다 더 중요한 사실은 당신이 맺은 직장과 사회에서의 인간관계를 통해 결국 당신의 성공과 실패, 사회적 지위의 정도가 결정된다는 사실일 것이다.

이때 당신의 인간관계의 성패를 결정짓는 것은 당신의 생각, 반응, 심리, 행동이다. 똑같은 상황과 동료들 속에서도 어떤 이는 처세를 매우 잘하고, 상대방과의 교감을 잘하고, 공감을 탁월하게 이끌어 내어 실력이 부족해도 동료들 사이에서 인기가 높고, 그 결과 회사 생활이 즐거운 사람들이 있다.

하지만 또 어떤 사람들은 실력이 있고, 열심히 직장에서 일을 하지만, 인간관계가 좋지 못 해서 결국 회사 생활이 지옥같은 사람들이 적지 않다. 급기야 이런 사람들은 승진도 잘 하지 못하고, 직장에서 왕따가 되기도 한다.

당신은 직장에서 어떤 사람이 되고 싶은가? 그것을 결정하는 것 중에 하나는 당신의 성격이 아니라 인간 심리에 대한 철저한 이해와 공부일 것이다.

바로 이런 점에서 심리학을 공부하라고 필자는 추천해

주고 싶은 것이다. 심리학은 당신이 생각하는 것보다 매우 다양한 유익이 있다.

천재들과 현인들이 평생 공부한 성과를 쉽게 배울 수 있는 것이 책이라고 할 수 있다. 심리학책은 심리학에 대해 오랫동안 공부하고 연구한 심리학자들의 공부한 성과를 쉽게 배울 수 있고, 자신의 것으로 만들 수 있는 최고의 도구이다.

아이작 뉴턴이 '내가 남들보다 더 멀리 볼 수 있었다면 그것은 내가 거인들의 어깨를 딛고 올라섰기 때문이다.' 라고 말한 적이 있다. 그런데 여기서 심리학을 공부하게 되면, 다른 거인들이 이미 오랫동안 공부한 것들을 고스란히 쉽게 자신의 것으로 받아들일 수 있고, 그로 인해 거인의 어깨에서 세상과 사람들을 내다 볼 수 있게 되는 유리한 고지를 남들보다 먼저 선점하게 된다.

그렇기 때문에 심리학을 공부하는 것은 매우 유익한 일이라고 할 수 있다. 뿐만 아니라 심리학에 대한 공부를 통해 자기 자신의 감정이 어떻게 작동하는 지에 대한 이해를 통해 감정을 잘 사용하는 법을 배울 수 있게 되고,

그로 인해 일상생활에서 감정에 휘둘러서 어리석은 행동
을 하는 것을 예방할 수 있게 된다.

뿐만 아니라 자신의 감정을 잘 사용하고 관리할 수 있게
되면, 일을 훨씬 더 잘 할 수 있게 되고, 집중할 수 있게
되고, 인간관계도 잘 맺을 수 있고 유지할 수 있게 된다.

사람은 혼자서는 살아갈 수 없는 존재다. 그래서 심리학
은 또한 반드시 필요하다. 좀 더 나은 삶을 살기 위해서
는 다른 사람들을 잘 이해할 수 있어야 하고, 도움도 받
아야 하기 때문이다. 그렇게 하기 위해서는 상대의 마음
을 읽을 줄 알아야 한다.

마음은 어떻게 움직이고 열등감은 어떻게 극복하고 타
인의 권력과 명예에 대한 욕구는 어떤 것인지에 대한 것
들을 많이 이해할 수 있는 사람일수록 사회생활에서 성
공할 수 있게 된다.

왜 돈을 많이 벌어서 가지고 있고, 사회적으로 유명 인
사가 되고, 성공하고 출세했는데도 행복하지 못 하고 마
음은 텅 비어 있는지를, 그래서 자살을 선택하거나 도박

을 하거나 마약을 하는 이들의 심리를 잘 알게 된다면, 당신은 최소한 그런 사람이 되지 않을 수 있다.

 하지만 인간의 심리에 대해서 제대로 이해하지 못 한다면 당신은 스스로의 감정에 사로잡혀 우울증 환자가 될 수도 있다. 하지만 심리학의 공부를 통해 고통과 근심, 절망과 우울의 원인이 무엇이고 어떻게 균형을 잡아 나가야 하는 지를 알고 있다면 삶을 좀 더 행복하게 살아갈 수 있게 된다.

 이것이 20대인 당신에게 심리학 공부를 추천하는 이유들인 것이다.

서양 현인들의 독서법을 배워라.

' 책을 읽지 않는 사람은 한 번의 인생을 살지만, 책을 읽는 사람은 여러 번의 인생을 산다.'

우리들에게 인기를 얻었던 [참을 수 없는 존재의 가벼움]이라는 책의 저자인 체코 작가 밀란 쿤데라가 말 한 명언이다. 책을 읽는 사람만이 여러 번의 인생을 살 수 있다는 말은 결코 허투루 하는 말이 아님을 필자는 잘 알고 있다.

책을 통해 전혀 다른 제2의 인생을 사는 사람이 바로 필자였기 때문이다.

그렇다면 독서법은 과연 어떤 것일까? 필자보다 서양 현인들의 독서법을 살펴보자.

평생 [파우스트]를 집필했고, 백 권 이상의 책을 집필했던 천재 괴테는 독서법에 대해 다음과 같은 충격적인 말을 남긴 바 있다.

" 대부분의 사람들은 읽는 방법을 배우는 데 오랜 시간이 걸린다는 사실을 모른다. 나는 8년이 걸렸고, 지금도 완전하다고 말할 수 없다."

독서법의 중요성에 대해서 [독서의 기술]의 저자인 모티머 애들러는 또 이런 말을 한 적이 있다.

" 모든 책은 빛이다. 다만 그 빛의 밝기는 읽는 사람이 발견하는 만큼 밝아질 수 있다. 결국 독자에 따라서 그것은 빛나는 태양일수도, 암흑일 수도 있다."

이어서 그는 아주 중요한 독서의 기술에 대해서 말한다. '독서는 일종의 대화' 라는 것이다. 그의 주장을 살펴보자.

" 책을 읽는다는 것은 일종의 대화이다. 아니, 독서는 저자가 일방적으로 지껄여, 독자에게는 말 한마디 참견할 여지가 없으므로 대화라고 할 수 없다고 생각할 사람도 있을지 모른다. 그러나 그것은 독자의 의무를 잘 모르고 있기 때문이다. 그래 가지고는 모처럼 주어진 기회를 효과적으로 활용하고 있다고 할 수 없다. 최후의 판단을 내리는 것은, 실은 독자인 것이다. 저자는 말할 만큼 말해버렸으므로 이번에는 독자의 차례다. 책과 대화하는 독자는 상대편이 끝나기를 기다려 발언하는 셈이므로, 겉으로 보아서는 대화가 정연하게 진행되고 있는 것처럼 보인다. 그러나, 독자가 미숙하거나 무례하다면 대화는 결코 제대로 진행되지 않는다. 유감스럽게도 저자는 자기의 처지를 변호할 수가 없다. '반론은 최후까지 이야기를 듣고 나서 하기 바란다.' 라고 하는 것은 허용되지 않는다. 독자가 오해를 하건 빗나간 방법으로 읽건 저자는 항의할 수도 없다." 　 < 모티머 애들러, [독서의 기술], 123-124 쪽 >

　그의 말처럼, 독서에 관한 일반 대중들의 가장 큰 착각은 바로 이것이다. 글자를 알고 읽을 줄 안다고 해서 책을 읽는 방법, 즉 올바른 독서법을 안다고 생각한다는 것이다. 즉 말을 할 줄 아는 어린 아이가 참된 대화법을 모르고 있을 확률이 높은 것처럼 글만 읽을 줄 알고 이해할 수 있다고 생각하는 대부분의 일반 성인은 독서법을 제대로 모르고 있다는 것을 분명하게 인식해야 할 것 같다.

　천재인 괴테가 8년이나 걸려서 독서법을 배웠다는 사실

을 명심하자. 가장 나쁜 독서법은 글자를 기계적으로 읽는 것이다.

자, 그렇다면 서양 현인들을 대표해서 독서법에 대해 한 마디로 가르쳐 줄 사람이 누구일까?

먼저 아인슈타인은 이런 말을 했다.

" 진정한 독서는 훈련을 통해 몸을 강하게 하듯 연습을 통해 생각을 강하게 하는 것이다."

그런데 100년 장수 기업 IBM의 창립자 토마스 왓슨은 '생각하라(THINK)'를, 인류에게 스마트폰 시대를 열어준 혁신가 스티브 잡스는 '다르게 생각하라(THINK DIFFERENT)'를, 빌 게이츠는 일 년에 두 번씩 일주일 동안 '생각 주간(THINK WEEK)'를 주장하고 실천하고 있다.

[꿀벌과 게릴라]의 저자인 게리 해멀은 자신의 이 책을 통해 '90년대 초 적자에 허덕이던 IBM을 살린 것은 기술이나 지식이 아니라 혁신적인 생각'이었다는 사실을

주장했다.

결론은 '독서는 무엇보다 생각하는 힘을 기르는 것'
이고, 그렇기 때문에 제대로 된 독서법은 '대화하고 생
각하는 것' 이라고 생각한다. 하지만 좀 더 구체적인 방
법론에 있어서 당신은 영국 고전 경험론의 창시자인 베
이컨의 독서법을 배울 필요가 있을 것 같다.

" 어떤 책은 맛만 볼 것이고, 어떤 책은 통째로 삼켜
버릴 것이며, 또 어떤 책은 씹어서 소화시켜야 할 것이
다."

한 마디로 '책에 따라 독서 방법을 다르게 하라' 는 것
이다. 그리고 한 가지 더 독서법에 대해 명심해야 할 사
항은 책을 많이 읽을수록 독서력은 기하급수적으로 강해
진다는 사실이다. 그렇기 때문에 처음부터 스키를 상급
자처럼 탈 수 없다는 사실을 명심하라.

스키를 처음 배우는 사람들은 10m도 제대로 내려가지
못 한다. 그 짧은 거리를 내려오기 위해 수 십 번도 더 넘
어져야 한다. 하지만 중급이 되고, 상급이 될수록 실력은

기하급수적으로 증가하듯, 독서도 그렇다는 사실만은 기억하고 힘을 내자.

그리고 한 가지 더 서양 현인들의 독서법에 대해 말하고 싶은 것은 헤르만 헤세의 독서법이다.

" 책을 통해 스스로를 도야하고 정신적으로 성장해 나가고자 하는 데는 오직 하나의 원칙과 길이 있다. 그것은 읽는 글에 대한 경의, 이해하고자 하는 인내, 수용하고 경청하려는 겸손함이다."

헤르만 헤세가 자신의 책 [헤르만 헤세의 독서의 기술]에서 언급한 말이다. 정말 멋진 독서법이면서 동시에 독서의 자세에 대한 글인 것 같다.

중국 현인들의 평생 공부법을 배워라.

중국의 현자들인 공자에서부터 시작해서 맹자, 사마천, 제갈량, 노신, 모택동에 이르기까지 공부를 통해 중국을 움직이고 이끈 중국의 공부의 대가들의 평생 공부법에 대한 책인 [현자들의 평생 공부법]이란 책을 보면, 공부하는 사람들을 위해 너무나 좋은 내용들이 많이 담겨 있음을 보고 놀라지 않을 수 없다.

다만 왜 한국의 조상들인 조선의 선비들에 대한 평생 공부법에 대해 잘 정리해 놓은 책은 없는 데, 중국 현자들에 대한 공부법 책이 먼저 나왔는가에 대해서 잠시 의구심이 생겼을 뿐이다.

이 책을 보면, 중국 현자들의 다양한 공부법이 소개되어 나온다. 그중에서 필자가 생각하기에 가장 중요한 공부법이라고 생각하는 세 가지를 소개하고자 한다.

첫 번째 공부법은 ' 생각하는 공부' 를 하라는 것이다.

" 내공이 깊은 독서인치고 생각을 강조하지 않은 사람

은 없다. 사마천은 '배우길 좋아하고 깊이 생각하면 마음으로 그 뜻을 알게 된다.'는 명언을 남겼다. 공자는 공부와 생각을 연관지어, '배우고 생각하지 않으면 어둡고, 생각만 하고 배우지 않으면 위태하다.'고 했다. 그런가 하면 한유는 '생각이 행동을 결정한다.'고 하여 배움과 생각 그리고 실천에 이르는 공부의 심화 단계를 절묘하게 지적했다." < 김영수, [현자들의 평생 공부법], 36쪽 >

한국 학생들에게 가장 부족한 공부가 바로 이것이 아닐까? 생각하는 공부는 우리가 중국 현자들의 공부법을 통해서도 꼭 배워야 할 공부일 것이다.

생각하는 공부는 다른 말로 의문을 품고 질문을 던질 줄 아는 공부일 것이다. 그리고 창조와 위대한 발견과 발명이 모두 바로 이렇게 의문을 품는 공부에서 비롯된다고 이 책의 저자는 다음과 같이 말하고 있다.

"진정한 독서는 책을 읽어 지식을 습득하는 것으로 끝나지 않는다. 읽어서 습득한 지식에 대해 깊이 생각하고 의문을 품을 줄 알아야 한다. 그러고도 의문이 풀리지 않으면 문제를 제기해야 한다. 인류의 모든 위대한 발견과 발명 그리고 창조가 바로 의문을 품는 데서 비롯되었다. 창조는 질문을 던지는 것에서 시작된다."   < 김영수, [현자들의 평생 공부법], 36쪽 >

 두 번째로 필자가 추천해 주고 싶은 중국 현인들의 평생 공부법 중에 하나는 '어디서든 공부하고 어디서든 책을 들고 다니면서 어디서든 틈만 나면 공부하라는 것' 이다.

 " 송나라 때의 유명한 문장가 구양수는 자신이 평생 지은 문장 상당수를 말 위에서, 베개 맡에서, 화장실에서 구상했다고 했다. 같은 송나라 때 사람 동분은 [한연상담]이란 책에서 이를 두고 '삼상(三上)', 즉 마상(말 위에서), 침상(잠자리에서), 측상(화장실에서)이라고 했다. 재미있으라고 한 말이긴 하지만 구양수라는 걸출한 문학가가 얼마나 시간을 아껴가며 독서했는지 넉넉히 알 수 있는 이야기다. 말 위, 수레 안, 잠자리, 전쟁터, 화장실 등 틈만 나면 어디서든 공부나 독서를 했다."   < 김영수, [현자들의 평생 공부법], 22 ~ 23쪽 >

이러한 공부법은 정말로 중국의 현자들뿐만 아니라 공부를 좋아하고 공부를 많이 한 사람들은 모두 가지고 있는 공부법일 것이다.

전쟁터에서도, 전쟁 시에도 때와 장소를 가리지 않고, 언제 어디서나 공부를 게을리 하지 않은 사람들을 위대한 위인들 속에서 쉽게 찾아 볼 수 있는 것도 바로 이 때문일 것이다.

이순신 장군 역시 왜란 중에도 공부하고, 자신을 성찰하며, 왜적에 대해 깊은 연구를 한 인물이다. 나폴레옹 역시 전쟁터에 책을 가지고 오게 하여 책을 읽고 공부를 계속 했던 인물이다. 세종대왕은 식사할 때도 좌우에 책을 펴 놓고 공부를 했던 위인이다. 모택동도 역시 언제 어디서나 책을 읽고 공부한 위인이다.

세 번째로 필자가 추천하고 싶은 공부법은 '사다(四多) 공부법'이다.

이 방법은 모택동이 실제로 실천했던 공부법이라고 한다. '사다'란 많이 읽고, 많이 쓰고, 많이 생각하고, 많이 질문하는 공부법이다. 즉 다독多讀, 다사多寫, 다상多想, 다문多問이다.

특히 사다 중에서도 많은 이들이 간과할 수 있는 부분이 '많이 쓰는 공부'일 것이다. 노트북이나 스마트폰의 보급으로 인해 손가락으로 직접 글을 쓰는 행동이 많이 줄어든 것은 사실이다. 하지만 노트에 직접 필기하는 공부법을 절대로 게을리 해서는 안 된다.

모택동은 스승에게서 '붓을 움직이지 않는 독서는 독서가 아니다'라는 공부 습관을 배우고 익히게 되었다고 한다. 필자의 견해로는 모택동으로 하여금 거대한 중국을 이끌 수 있게 해 준 공부의 비결은 바로 쓰는 공부법이었다고 생각한다. 물론 네 가지가 모두 중요하다는 것은 두말하면 잔소리일 것이다.

작가가 되고자 하는 작가 지망생들에게 꼭 해 주고 싶은 말은 많이 쓰기보다 먼저 많이 읽어야 한다는 것이다.

중국의 시성 두보는 이런 말을 한 적이 있다.

"독서파만권 하필여유신"

" 만 권의 책을 읽으면, 글을 쓰는 것이 신의 경지에
이르게 된다. "

공부를 제대로 하고자 하는 사람도 이와 다르지 않다.
많이 읽고 많은 것을 받아들여야 많은 성장이 있게 된다.

중국의 시성이 강조한 다독을 서양의 철학자인 장 폴 사
르트르도 강조했음을 알 수 있다.

그는 '인생을 포함해서 많은 것을 변화시키고 싶다면,
먼저 많은 것을 받아 들여야 한다.'
라는 표현을 한 적이 있다.

결론은 자명하다.

먼저 많은 책을 읽어, 많은 간접 경험을 하고, 많은 사
고와 견해를 받아들여 의식과 사고를 향상시켜야 한다.
그것이 진짜 공부다.

조선 선비들의 평생 공부법을 배워라.

자! 이제까지 서양과 중국 현인들의 평생 공부법을 배웠다. 그렇다면 지금부터 우리들의 자랑스러운 조상들인 선비들의 평생 공부법을 배워 보자. 아마도 이번에 배우는 공부법이 무엇보다도 피부에 와 닿을 것이다.

그것은 무엇보다 이 땅에 살았던 우리 선조들이 실제로 체험했던 토종 공부법이기 때문일 것이다. 필자가 쓴 선비들의 평생 공부법에 대한 책의 내용 중에서 공부법에 대한 내용을 간단하게 소개하고자 한다.

이 책에서는 간단하게 아주 작은 부분만 소개할 것이다. 조선 선비들의 평생 공부법에 대해 자세히 알고 싶은 독자들은 필자가 쓴 책을 읽어보기를 바란다.

좀 더 풍부하고 다양하게 그리고 깊게 조선 선비들의 공부법에 대해 알고 싶은 독자들은 필자가 쓴 책을 참조해 주기 바란다.

조선 시대 최고의 지식 경영 대가라고 해도 손색이 없

는 다산 선생은 18년 동안의 제주 유배지에서 500권의 책을 저술했던 공부의 신이자 저술의 신이었다.

다산은 18년 동안 500권의 책을 저술했다. 1년에 10권을 저술해도 180권밖에 되지 않는다. 그렇다면 다산 선생은 1년에 28권 정도의 책을 매년 저술했다는 결론에 도달할 수 있다.

과연 그는 어떻게 해서 그렇게 많은 책을 출간할 정도로 뛰어난 공부의 결과를 창출해 낼 수 있었던 것일까?

그의 남다른 공부법은 한 마디로 '초서법'이다.

" 책의 내용을 가려 뽑는 방법(초서)은 나의 학문에 먼저 주관이 확립된 뒤에야 옳고 그름을 판단할 수 있는 저울이 마음속에 있어서 취사선택이 어렵지 않게 되는 것이다. 학문의 요령을 지난번에 말해 주었는데, 필시 네가 잊은 게로구나. 그렇지 않다면 무엇 때문에 책을 가려 뽑는 것에 의심을 하여 이러한 질문을 하였느냐. 언제나 책 한 권을 읽을 때에는 학문에 보탬이 될 만한 대목이 있으면 뽑아 모으고, 그렇지 않은 것은 눈을 붙이지 말아야 한다. 이렇게 한다면 비록 백 권의 책이라도 열흘의 공부면 충분할 것이다." < 김건우, [옛사람 59인의 공부 산책], 162쪽 >

작가가 되고자 지망하는 젊은이들이 쉽게 사용하는 훈련법 중에 하나가 책의 처음부터 끝까지 전부를 베껴 쓰는 필사이다. 하지만 다산 선생은 필사와 조금 다른 초서를 공부법으로 사용했다. 초서는 책의 내용의 전부를 무조건 베끼는 것이 아닌 중요한 대목을 골라 뽑아서 메모하고 기록하는 것이다.

지식과 정보의 홍수 시대에 다산 선생의 초서법이 더욱더 주목받는 이유는 이러한 공부법은 다양한 분야를 폭넓게 공부하는 사람이라면 아주 유용한 공부법이기 때문이다. 지금처럼 지식과 정보가 쏟아져 나오는 이 시대에 중요하고 필요한 부분만을 골라 뽑아서 정리하는 공부법은 매우 중요한 공부법이 아닐 수 없을 것이다.

선비는 아니었지만, 평생 책을 읽고 공부를 하여 일가를 이루었다는 점에서 조선 시대의 선비와 하나도 다를 바 없는 세종대왕의 공부법은 무엇이었을까?

위대한 한글을 창제할 만큼 세종대왕의 공부 성과는 최고로 대단했다고 평가할 수 있다. 세종대왕의 공부법을 필자는 한 마디로 '백독백습'이라고 말할 수 있을 것이다. 백 번이나 반복해서 읽고, 백 번이나 쓰는 공부법이었다.

이 두 분의 공통점은 손을 움직여서 필기를 하고 정리를 하는 공부법이라는 것이다. 그렇기 때문에 메모하고 기록하고 필기를 하는 공부법을 필자는 조선 시대 선비들의 대표적인 공부법이라고 말하고 싶다.

명재 윤증 선생도 역시 기록하는 공부인 차기공부(箚記工夫)를 강조했다.

남명 조식과 화담 서경덕은 모두 공부란 사물을 궁구하는 것이며 깊이 생각하고 사색하는 공부를 강조했다.

또한 퇴계 이황은 공부란 거울을 닦는 것과 같기 때문에 쉬지 말고 반복해서 해야 하는 것이라고 말했다. 그렇기 때문에 당연히 그의 공부는 오래도록 하는 구원공부(久遠工夫)였던 것이고, 힘들도록 부지런하게 해야 하는 근

고공부(勤苦工夫)였던 것이다.

　율곡 이이의 공부법은 자경문을 통해 스스로 마음을 다잡아 스스로 해 나가는 공부였다. 그리고 혜강 최한기 선생은 세상의 출세보다는 공부 그 자체에 열정을 가지고 공부를 좋아했던 인물이었다. 담헌 홍대용 선생은 입이 아닌 마음으로 읽는 독서와 공부를 강조했다. 마음을 다잡기 위해서 책을 읽거나 공부를 할 때 몸가짐을 바로 하는 것을 중요하게 생각했다.

　명재 윤증 선생은 행함이 없는 공부는 공부라고 하지 않았고, 언제 어디서든 공부를 해야 하고, 쉬지 않고 해야 한다는 것을 강조하면서, 큰 사람이 되는 공부를 하라고 강조했다.

　성호 이익 선생은 자만심을 경계하고 날마다 새롭게 되는 공부를 하라고 강조했다.

화담 서경덕 선생은 공부를 하면 누구나 성인이 될 수 있다는 주장을 했고, 독서보다는 사색을 통한 공부를 강조했다.

공부법과 함께 조선 시대 선비 중에서 가장 인상에 남는 독서법을 실천했던 선비 중에서 백곡 김득신 선생을 빼 놓을 수 없을 듯하다. 그는 억만 번을 읽고 또 읽어서 결국 일가를 이루고 이름을 남긴 학자였다.

그와 함께 쌍벽을 이루는 독서의 대가가 바로 '간서치'로 널리 알려진 청정관 이덕무였다. 그는 평생 2만 권이 넘는 책을 읽었고, 남들보다 더 규율이 있는 공부를 했던 학자였다.

조선의 선비 중에 빼 놓을 수 없었던 인물은 바로 '혜강 최한기' 선생이다. 그는 출세보다는 공부를 선택했고, 과거의 전통적인 학문보다는 미래를 선택했던 학자였다. 놀랍게도 그는 1,000권의 책을 집필했던 조선 제일 선비였던 것이다.

조선 선비들의 대표적인 공부 비법과 특징을 필자가 연구하고 정리하여 간단하게 정리해 보면 이렇다.

- 메모하고 기록하고 필기하는 공부를 하라. _ 다산 정약용, 명재 윤증, 세종대왕.

- 깊이 생각하고 궁리하는 공부를 하라. _ 남명 조식. 화담 서경덕, 다산 정약용.
- 반복해서 읽고 습득하는 공부를 하라. _ 세종대왕, 성호 이익, 퇴계 이황.
- 입이 아닌 마음으로 읽고 공부를 하라. _ 담헌 홍대용. 퇴계 이황, 율곡 이이.
- 중요한 대목은 암기하고 체득하는 공부를 하라. _ 담헌 홍대용.
- 언제 어디서든 쉬지 않는 공부를 하라. _ 명재 윤증. 퇴계 이황.
- 진리 탐구에 그치지 말고 실천하는 공부를 하라. _ 명재 윤증. 담헌 홍대용. 남명 조식,
- 세상에 도움을 주고 편안케 하는 공부를 하라. _ 성호 이익, 연암 박지원.
- 말을 적게 하고, 자랑하기 위한 공부를 경계하라. _ 담헌 홍대용. 퇴계 이황. 율곡 이이.
- 큰 사람이 되는 공부를 하라. _ 명재 윤증. 율곡 이이, 화담 서경덕,

이렇게 다양한 공부법이 있다. 자기 자신에게 가장 적합한 공부법을 선택한 후, 그것을 그대로 따라 하지 말고,

그것을 또 자기 자신만의 공부법으로 발전시켜 나가도록
할 필요가 있을 것 같다.

에필로그_ 공부를 멀리 하는 것은 인생 최대의 낭비이며, 실수이다.

20대 청춘들의 미래를 결정짓는 것은 당신들의 성공이나 부가 아니라 매일 하는 생각과 행동들이다. 그리고 그 생각과 행동을 결정짓는 것들은 당신이 20대 때 해 놓은 진짜 공부다. 40대 독자들의 현재를 결정하는 것은 지금 당신이 하는 인생 최고의 진짜 공부다. 60대 독자들의 인생을 결정하는 것은 새롭게 도전하는 진짜 인생 공부다. 80대 독자들의 인생을 완성하게 해 주는 것은 끝까지 포기하지 않고 하는 진짜 공부다.

필자가 좋아하는 시를 소개 해 주고 싶다.

할 수 있다고 생각하는 사람.

패배한다고 생각하면
당신은 패배한다.

용기가 없어 도저히 할 수 없다고 생각하면,
당신은 절대 하지 못할 것이다.

성공하고 싶지만, 성공할 수 없다고 생각하면,

당신은 성공 하지 못할 것이다.

실패할 것이라고 생각한다면,

당신은 이미 실패한 것이다.

이 세상의 성공은 사람의 의지에서 비롯되며

온전히 사람의 생각 속에 있기 때문이다.

자신이 뛰어나다고 생각하면

뛰어나게 될 것이다.

높이 오르려면 높이 생각해야 하듯,

성공을 거머쥐려면 먼저 자기 자신을 믿어야 한다.

삶이란 전투에서 승리가 언제나

더 강하거나 더 빠른 사람에게 주어지는 것은 아니다.

최후의 승리자는 반드시

승리할 수 있다고 생각하는 사람임에는 틀림없다.

< 월터 D. 윈틀 Walter D. Wintle , 출처: 유연,

[천국으로 가는 시] >

이 시에서 당신이 배워야 할 것은 한 가지이다.

'승리하는 자는 강한 자도 빠른 자도 아니라 승리할 수 있다고 생각하는 사람'이라는 사실이다. 물론 이 말이 100% 필자를 감동시키지는 않는 다. 그럼에도 이 말에 주목하고 이 시를 좋아하는 이유는 우리의 생각은 결국 우리가 보고 읽고 느끼고 배운 것의 총체적 결과물이기 때문이다.

그 중에서도 직접적으로 영향을 주는 것은 수동적으로 학습한 것이 아니라 능동적으로 스스로 읽고 공부한 것이다. 자발적으로 어떤 공부를 했느냐에 따라 당신의 생각은 절대적으로 달라질 수 있고, 그로 인해 당신의 인생도 달라지는 것이다.

"공부를 하지 않으면 어제까지 했던 당신의 낡은 생각들 속에 갇혀 평생 살아가는 삶을 살게 된다. 진짜 공부는 당신이 평생 인생의 주인으로 잘 살아나가기 위해 반드시 필요한 디딤돌과 같은 것이다.

세상에서 가장 강한 사람은 자신의 생각과 감정을 극복한 사람이며, 더 강한 사람은 자신의 생각을 계속해서 확장시킬 줄 아는 사람이다. 생각이 성장하고 커질수록 당신의 삶도 커질 수밖에 없기 때문이다. " – 김병완 –

바로 이런 점에서 공부는 해도 되고 안 해도 되는 것이 아니라 반드시 해야 하는 것이다. 공부를 해야 자신의 생각에 갇히지 않게 된다. 스스로 자신의 생각을 계속해서 확장시켜 나갈 수만 있다면 그 사람은 구글의 알파고처럼 어제의 자신을 매일 뛰어넘어 더 나은 존재로 스스로를 만들어 나갈 수 있게 된다.

" 인간의 위대함은 바로 여기에 있다. 스스로 배우고 공부하여, 자체적으로 성장가능하다는 것이다. 그런 점에서 이 위대한 학습 기능인 공부를 하지 않고 살아간다는 것은 말로 할 수 없는 인생 최대의 낭비이며, 실수인 것이다. " – 김병완 –

판권

종이책 : 값 13,000 원

초판 인쇄: 2025년 11월 30일
초판 발행: 2025년 11월 30일

발행인 : 김병완
발행처 : 플랫폼연구소

출판등록: 제 2020-000075호

이메일: pflab2020@naver.com

주소:서울시 강남구 삼성동 116 백우빌딩 402호

ISBN   979-11-91396-61-4(03190)

* 이 책의 전부 또는 일부 내용을 재사용하시려면 사전에 저작권
자와 도서출판 (주) 플랫폼연구소의 동의를 받아야 합니다.

* 잘못된 책은 구입하신 서점에서 교환하여 드립니다.